日本物流研究（2013年第一辑）

Japan Logistics Research（2013 No. 1）

# 日本流通相关法律解读

北京物资学院日本物流研究中心

主　　编：翁心刚

执行主编：姜　旭

副 主 编：郑可人　胡贵彦

李晓晖　杨　洋

中国财富出版社

**图书在版编目（CIP）数据**

日本流通相关法律解读／翁心刚，姜旭主编．—北京：中国财富出版社，2013.10

ISBN 978－7－5047－4799－0

Ⅰ.①日…　Ⅱ.①翁…②姜…　Ⅲ.①物流—物资管理—法规—研究—日本　Ⅳ.①D931.322.9

中国版本图书馆CIP数据核字（2013）第207382号

| | | | |
|---|---|---|---|
| **策划编辑** | 王宏琴 | **责任印制** | 何崇杭 |
| **责任编辑** | 尚林达　颜学静 | **责任校对** | 梁　凡 |

---

| | | | |
|---|---|---|---|
| **出版发行** | 中国财富出版社（原中国物资出版社） | | |
| **社　　址** | 北京市丰台区南四环西路188号5区20楼 | **邮政编码** | 100070 |
| **电　　话** | 010－52227568（发行部） | | 010－52227588转307（总编室） |
| | 010－68589540（读者服务部） | | 010－52227588转305（质检部） |
| **网　　址** | http：//www.cfpress.com.cn | | |
| **经　　销** | 新华书店 | | |
| **印　　刷** | 北京京都六环印刷厂 | | |
| **书　　号** | ISBN 978－7－5047－4799－0／D·0097 | | |
| **开　　本** | 880mm×1230mm　1/32 | **版　　次** | 2013年10月第1版 |
| **印　　张** | 4.75 | **印　　次** | 2013年10月第1次印刷 |
| **字　　数** | 80千字 | **定　　价** | 20.00元 |

---

# 日本物流研究

## Japan Logistics Research

《日本物流研究》是由北京物资学院日本物流研究中心创办，面向国内外为研究日本物流领域的专家学者、政府相关部门人员、企业管理者、物流专业学生等广大读者提供的一部关于日本物流研究的最新成果、动态、政策等综合参考资料。

日本物流研究中心（Japan Logist Research Center，JLRC）是在北京物资学院直接领导下，由北京物资学院直接负责管理运作，旨在成为北京物资学院长期、综合性的研究日本物流的专门机构和交流平台。

北京物资学院自1988年9月起，就与日本流通经济大学互派留学生，开展学术交流和互访，保持着长期而稳定的合作。多年以来，北京物资学院与日本物流界的长期友好交流，为日本物流研究中心的成立奠定了良好的基础。为了加强学科建设，打造学科品牌，形成科研特色，北京物资学院创办了日本物流研究中心，作为日本物流的研究基地。

日本物流研究中心的宗旨在于综合发挥北京物资学院日本物流管理的研究优势，联合校内外、海内外有关学术力量，运用现代物流学术研究的科学手段，组织协调有关专家、学者、企业家共同开展日本物流学术研究工作，形成崇尚学术、尊重学术、追求学术的氛围，造就一支高水平的科研队伍，打造成我国在日本物流研究方面的高水平的学术群体，以满足日本物流研究的需要，提高我国在日本物流方面的研究水平。

日本物流的研究中心以“日本物流产业及日本物流企业的实施研究”作为长期研究内容，对日本物流进行深入的、系统的、长期的跟踪式研究。日本物流研究中心努力在研究的深度和广度、实证及理论研究等方面实现突破。与此同时，依托北京物资学院，以科研促学科发展，形成日本物流研究的长期独有优势。日本物流研究中心还将整合日本物流研究的各种资源，与中日物流的主管部门及物流企业加强联系，探索日本物流对我国物流产业可借鉴之处，供决策部门参考。

# 主编寄语

日本政府对市场的管制具有较强的导向性，会通过立法来规范流通从业者的开店及经营行为，实现流通市场的规范。日本商流相关法律的制定，主要强调维护公平竞争秩序、保护中小型企业及消费者权益。物流相关法律主要涉及参入、运费、效率等经济方面的内容，另外还有劳动、安全、技术等与社会问题相关联的内容。

在商流相关法律法规中，政府首先基于市场公正交易，维护公平竞争秩序理念，制定了调整流通经营行为的法律，主要以反垄断法为核心，以不正当赠品种类以及不正当竞争防止法等为补充的竞争法体系。

反垄断法对包括价格歧视、共同拒绝交易的行为、交易歧视、不正当的减价销售或高价采购、捆绑销售、限制再销售交割、滥用优势地位等行为进行控制，保护广大中小企业的利益；《赠品表示法》是作为反垄断法的特例于1962年制定，其作用主要在于防止通过不适当的赠品种类及标示方法达到引诱顾客的效果，与反垄断法的目标是一致的，目的都在于确保公平竞争，保护一般消费者利益；1976年日本颁布了《关于访问销售的法律》，该法于2001年更名为《关于特定交易的法律》，调整对象包括访问销售、通信销售、多级销售三种销售方法，该法的重点在于防止特殊销售中消费者利益遭受损害。

此外，日本政府从经济发展和社会需要角度出发，制定并完善了大型零售商开店及经营活动的立法，如《百货店法》《大店法》《大规模零售店铺法》等，这些针对零售业的法律法规的演变，其内容多是对大型零售店的建店、营业活动进行规制，对日本零售业的产业结构产生过深远的影响。

日本政府根据其物流业发展现状和趋势，制定综合的物流政策，从整体上指导物流业的发展。自1997年开始，经济产业省和国土交通省每四年共同制定一次《综合物流施策大纲》。1999年，日本内阁会议通过了日本物流产业的纲领性政策文件——《综合物流施政大纲》。2001年，《新综合物流施政大纲》又被内阁会议通过实施，由此形成了日本各部委作为一个整体相互配合与承担各项物流措施的基本形式。《新综合物流施政大纲》将现代物流产业进行重新定位，并在原有大纲的基础上，根据环境的变化做出进一步的调整和策略推进。

同时，日本政府将配送中心、大型商业网点、货车场等与物流终端相关的规划、设计以法律的形式加以规定。例如，《流通业务城市街道整备法》的目的就在于将市内的流通、商业设施转移到郊外，统筹规划大城市中心部位物流设施的布局，从而改善市内交通混乱的状况。

被冠以“物流二法”之称的《货物汽车运输事业法》和《货物运输经营事业法》对日本交通运输起到广泛而深远的影响，主要因为其放宽了政府对物流的管制，将原来汽车营运需要政府批准的方式改为许可制，即只要具备物质条件的都可以经营汽车运输，对市场准入方面的限制大大放开。

1992年10月制定了《中小企业流通业务效率化促进法》（即《物流效率化法》），期望通过提升物流效率来减少对环境的影响，此后日本逐渐重视绿色物流的相关立法。不仅如此，日本在陆上货物、海洋港口货物以及航空运输方面有较为详细的立法。

日本流通相关的法律法规内容翔实，在法律限制放宽方面走在前面，对促进日本流通业、流通秩序的良性发展产生了积极的影响。本手册将对部分日本流通相关法律进行解读，以期能为我国流通业立法发展作出一定贡献。

2013 年 6 月

# 目　录

# 1 流通活动及法律

## 1.1 序言

流通是指能够对连接生产与消费过程中，在空间、时间、社会方面产生的障碍进行调整的活动，也可将这些活动称为流通功能。一般情况下，这些活动分为：商品流通功能和物的流通功能（前者被称之为商流，后者被称之为物流），两者都要通过信息流通功能得以实现。

随着日本经济的柔性化发展，作为具有服务功能的第三产业的部门，近年来得到了飞速的发展。例如，1995 年日本 GDP 为 483 兆日元，其中商品流通部门（批发零售业）创造的 GDP 为 61 兆日元（占 GDP12.7%），从业人员占整个行业的 20% 以上。如果再加上物流部门，日本的流通部门在日本国民经济中所处的地位将会进一步提升。

支撑流通活动的基本法律是自由竞争的市场经济体制的体现。所谓自由竞争，是指在顺畅的流通过程中，根据合同关系确定及保证商品交易的自由实现。流通活动的自由进行要遵循制度保障原则、所有权明确原则、交易自由原则、个体自治原则等，这些原则是制度的主要精髓。因此，只有完善市场经济的基本法律，才能保证流通得以实现。

目前，进行这样的市场经济自由活动，场所（即市场）以及法治体系的构建也是非常必要的，并需要通过一定措施保证形成和实施。也就是说，为维护从业者公正、自由的竞争关系，促进竞争，应形成以禁止垄断法为中心的经济法规。

以所有权拥有及合同签署自由原则为基础，通过对市民法的原则进行部分修改，实现了从形式自由（平等）到实际自由（平等）的转变，体现了人民对法律的意愿要求。

另外，在流通产业中，中小规模的企业占绝大多数。因此，必要的产业政策执行应更倾向于具体的相关行业法等法规，从而达到产业保护的目的。其措施包括对零售行业、中小型零售商店与大规模的零售商店的整合、货物运输企业的加盟和参与以及运价制定等方面，这些都是具有代表性的例子。

众所周知，在1990年，随着日本降低市场门槛政策的推进，个别行业法规系统向基于市场竞争原理、以市场结构为基础的法律体系进行转变。今后，随着市场门槛的降低以及一些规则的废除，这些涉及参与条件、价格因素等经济方面的法规将进一步被弱化，而确保安全、劳动条件等社会性的法规将会取而代之，得到不断重视。随着社会型法规体制的完善，经济型法规体系向社会型法规体系的转变将得以彻底的进行。

## 1.2　在流通活动中市民法的相关规定

流通行业中最根本的法律体系包括民事法（民法、商法等）与刑事法（刑法等）。随着市场门槛的降低，流通活动除作为消费者生活的一部分内容之外，还必须要遵守现代社会最基本的法律——市民法的相关规定。

流通活动中的固有法律以及关于市场公平竞争的相关法律将在以后的章节中进行介绍。在这里，首先介绍流通活动进行的前提条件以及与之关系密切的民法等法律系统的内容。

### 1.2.1 民事法

在流通过程中，从法律的角度看待商品的流动，伴随着所有权的转移，出现了很多的交易活动。公平交易通过商品交易合同来进行，而商品交易合同的关系则以法律为基础。不用说，这也属于民法的范畴。民法第四章（从第 90 条到第 130 条）中，关于法律行为有明确规定，合同也属于法律行为的范围之内。例如，违反公共秩序的合同被视为无效（民法第 90 条）。另外，合同是当事双方意向一致后建立起来的，当出现虚假（第 94 条）以及错误（第 95 条）的行为内容时，将被视为无效。同时，出现欺诈以及强迫的内容时可以取消交易活动。

另外，民法第三版中，关于债权有明确的规定，在其第一章（第 399 条到第 520 条）中，关于债权的总原则对合同双方都适用。同样，民法第二章有规定，在合同的规则中，不仅包括合同的成立、适用范围、解除终止等合同整体层面的规定，还包括捐赠、买卖、消费、借贷等各种合同行为的规定。

此外，商法第三部（商法第 501 条到第 683 条）规定了商业行为的规则。这些规则包括了从商业行为的定义到商人之间交易、价格计算、匿名组合、中间商、批发经营、运输经营、运输代理、委托、保险等一系列商业行为的各种规定。

另外，对以流通活动为主体的从业者（企业），商法第二部（从第52条到第500条）有明确规定，也有对合资企业、股份企业、合并企业以及适用于有限公司等的规定。

### 1.2.2 刑事法

在自由竞争的市场经济体制下进行商品交易活动，如果涉及损害他人利益时，最高的处罚会根据刑法进行处置。

刑法是关于欺诈、贪污、恐吓等犯罪的法律，内容从原来民事法涉及的最高的犯罪，近年逐渐向强制执行投标、竞标妨碍罪、房地产侵害罪等犯罪倾斜。

另外，随着电子计算机等的普及和发展，增加了利用计算机网络等进行诈骗的犯罪（第246条第二款），这些都是由于信息化、网络化所带来的新型犯罪。

在流通活动领域中，一般出现最多的是违反交易秩序的行为，这些在民事法规及竞争法规（行政法规）中处理的案例比较多，而那些性质恶劣、影响较大的经济犯罪，一般划入到刑法中处理。

今后需要进一步探讨的课题之一是流通相关法规与刑法相交错部分的修正。例如，反垄断法的第 89 条第一款第一号规定，违反本法律第三条规定的联合企业（不正当交易）处以三年以下刑期以及 500 万日元以下的罚款。在综合犯罪当中，最多的犯罪案件是价格的不正当竞争。这与刑法中的谈判罪（第 96 条第 3 款第 2 项）在构成要素上存在不同之处，但是两个法律在处理竞争时的手续办理问题上都需要调整，这是两个法律需要进一步解决的课题。例如，在社会保险厅所发生的有关封闭竞标的案件（东京地方法院 1994 年 9 月 7 日）中两种犯罪的成立得到认可，一般的情况下，行为者处以刑法上的谈判罪，企业参与方违反了反垄断竞争法，应追究各自的刑事责任。

# 2　市场公平竞争及相关法律

## 2.1　反垄断法

### 2.1.1　日本反垄断法政策的实施

日本的反垄断法（正式名称为《禁止个别垄断以及确保公平交易的相关法律》），是在第二次世界大战之后的 1947 年，作为推进战后经济民主化政策的主要内容之一进行制定的。本法制定的背景是在驻守美国（军队）的较大影响力下，以美国的反托拉斯法为基础制定出来的。

从反垄断法的制定到今天实施的整个过程中，发生过很多的争端，也就是说在当时日本政治经济背景下，进行了法律的多次修改，直至现在。

正如上述内容所说，日本最初的反垄断法的制定是在 1947 年进行的。当初制定的法律与现在的法律基本上没有什么太大的变化。但是，对该法律的严密性、完整性、预防性却做了明确规定，部分内容比最初制定反垄断法的美国的相关法律（反托拉斯法）更严谨，这是日本反垄断法的特点。

1949 年、1951 年又分别对反垄断法进行了修正。更改内容最多的一次修正是在 1953 年进行的。1953 年除了修正当初的制定范围以外，还将法律由严谨性向宽泛性进行了改变。例如，修改了对联合企业的认定以及削弱不正当企业能力的条款。由于进行了修改，反垄断法在社会方面的地位有大幅度的降低。

自此，在 1960 年、1970 年，反垄断法在国民心目当中成为了一项并不是很重要的法律，甚至一度使大家忘却了它的存在。

但是，这种情况在 1973 年石油危机爆发时得到很大的改变，消费者进一步感受到了反垄断法的存在。当时，对于买方来讲卖方乘机恶意涨价，并出现了地下联合企业，导致经济秩序出现混乱。因此，强化反垄断法的呼声日益高涨。而实际上，强化并改进垄断法是在垄断法制定 30 周年即 1977 年进行的。当时主要针对联合企业征收税收制度以及改变垄断状态实施了一系列措施并以强化法规的力度为目的。

最新的修正是在 1995 年 5 月进行的，当时对企业持有股份限制（第 10 条）的规定进行了修正。另外，在 1997 年，又进行了一次修正（1997 年 6 月 18 日，法律第 87 号），主要是对过去企业持有股份的规定进行了全面的禁止（第 9 条），同时对其他部分内容也进行了删改。

### 2.1.2 反垄断法的主要内容

#### 2.1.2.1 反垄断法的目的

反垄断法第一条规定了其法律目的之后，政府又制定了各种规定。其中，反垄断法有三项主要内容是关于（禁止）主体行为的，包括：“禁止民间垄断（第 3 条前半段）”、“禁止不正当交易（第 3 条后半段）”、“禁止不公平交易方法（第 19 条）”等三项内容，使得反垄断法成为非常重要的法律规定之一。下面对反垄断法的目的以及禁止规定进行简单说明。

反垄断法的目的在第一条当中进行了规定，围绕反垄断法目的规定，各个学派有不同的争论，在这里，只对其本身固有目的进行解释。

首先，反垄断法固有目的是在市场中“保证公平、公正、自由竞争”。根据这一目的，“发挥从业者的创造力，推进企业活动的进行，提高就业以及国民可支配收入的水平”。

反垄断法的根本目的是指“确保一般消费者的利益，同时促进国民经济的民主制度”。“促进公平公正自由的竞争”使得消费者可以正确选择公平的服务，其结果为“确保一般消费者的利益”，从而健全国民经济体系，实现经济的民主化进程。

但是，在反垄断法当中，所规定的交易方，即违反反垄断法的那一方很有可能是各类从业者。这些从业者，从一定范围来看，比一般的企业更加宽泛，比如，自由业者、国家、地方公共团体等。情况不同，反垄断法所涉及的内容也各不相同。也就是说，在经济活动范围内，只要是存在赢利关系的当事者都有可能涉及这一法律。

2.1.2.2 民间的垄断的禁止

反垄断法的第3条（前半段）规定，禁止从业者进行民间“垄断”，因此，公共垄断（在法律允许范围之内的垄断）不在范围之内。另外，一般所说的垄断指“在某一市场中，对某一商品的交易进行单独占有的行为，或是在垄断竞争法定义规定（第2条第5款）范围内出现同样的行为都被称为民间垄断”。

也就是说，民间垄断是指“在一些交易范围内，为了限制竞争活动，从业者单独的或者与其他从业者进行联合，或者通过同谋，不论采取任何方法排斥其他从业者的经营活动，或者通过支配行为违反公共利益的活动”。可以说，反对民间垄断对于那些通过各种手段，人为地把其他从业者从市场当中赶出，从而实现把控市场的目的，达到限制竞争结果的从业者（单数或多数）的这一行为，进行了严厉禁止。在这里，排挤其他从业者的行为包括：使其他从业者不能在市场中维持正常的经营活动或者支配其他从业者的经营活动。其中，支配是指获取其他企业的股份，通过派遣企业董事以达到控制那些被支配企业的从业者的企业活动，使其不能按照自己的意愿来进行的目的。

#### 2.1.2.3 不正当交易限制的禁止

在反垄断法中，违反本法律的案件最多的是不正当交易限制，也就是集团企业行为，不正当交易限制又被称为集团企业的禁止。关于此项内容，在本法律第三条的后半段进行了详细规定。

“集团企业”是根据拉丁语“纸”的意思引进来的，在第二次世界大战后（休战期）俘虏交换的协议文本当中被广泛使用。现在，被广泛引用于市场当中从业者之间的竞争出现临时停止的状态。

反垄断法对联合企业即不正当交易限制进行了如下的解释（第2条第6款）：“从业者在签署合同协议以及其他内容中，决定与其他的从业者共同进行价格竞争或者维持现状或者提高进驻壁垒，在数量、技术、产品、设备等方面限制对方，相互制约其经营活动，并且根据具体的实施出现了违反公共利益的行为，限制了其正当的竞争关系。”可以说，从业者与其他的同谋者通过共谋（单独进行不可实现）使市场竞争当中出现了垄断的状况。

另外，出现这一违法行为时，从业者将受到市场公正交易委员会的驱除（第7条）。另外，出现价格的不正当交易限制时，通过征收税金进行处罚（第7条第2款），这在以后的内容中将要提到。当然，还会出现不但追究其刑事责任还要追究其无过失损害赔偿责任的案例。

1. 从业者的行为

正如民间垄断所阐述的内容，受到法律处罚的行为有以下的主要特征：

第一，交易阶段不同从业者的不正当交易限制。

在多数的从业者当中，通过约定使得价格上扬，或者限制生产数量，就是典型的不正当交易限制。

对于处于不同流通环节的企业从业者，例如，包括生产方和批发零售方在内的各个流通阶段中不同的从业者，如果规定了价格，这也属于不正当交易限制。而日本反垄断法的解释是（东京高等法院，1953 年3 月9 日）以上的情况不在不正当交易限制的范围之内，也就是说在某一流通阶段中，在从业者之间水平发生的共同行为才属于流通阶段的不正当交易限制。

另外，日本的反垄断法限制了上述生产方、批发零售方的价格制定关于这一点将在下面的相关内容（第 19 条不正当交易方法的禁止）中进行解释。

第二，从业者关系疏通及其证据。

不正当交易限制是从业者和其他的从业者通过联合采取的共同行为，通过沟通达成一致意见。这些关系的沟通及意见的沟通可以通过书面内容体现，也可以通过暗示的方式达成一致。例如，“某一从业者预测其他从业者的行动，然后达成一致的步调，进行统一行动”，也就是说，同类从业者通过一般的交谈可以推测其他从业者的行动，这就为意思的沟通创造了机会以及实现的可能。

为此，不正当交易限制出现违法时，从业者之间是否出现了有意义的疏通，这一行为的取证是非常困难的。根据案件发生的内容不同，一般情况下，以下面的内容来判明是否已经出现了意思的沟通这一行为，并可以取证。

是否有从业者之间事先的联络接触，是否有当事者之间接触联络的内容，是否有接触联络后的行为，特别是是否有一致的行为。关于意思的沟通和联络的有无，除可根据以上内容进行判断外，还可根据各种实际情况进行综合判断。

第三，不正当交易限制的约束性。

不正当交易限制的内容当中进行了规定“相互之间对对方的经营活动进行限制”，当事方之间如果进行了意思的联络和沟通，为了确保其时效性，可以通过某些强制手段或者实际的约束力或者通过制裁手段来进行。但是，最高法院的判决案例当中，即使没有制裁措施，这一行为也将属于不正当交易限制的范围之内。

第四，一定的交易领域。

不正当交易限制是通过是否违反了法律的各项规定而进行判定的。其中，按照参加不正当交易限制的从业者之间是否涉及了竞争关系，进行判断是非常必要的。通常，可以理解“一定的交易领域” = “市场”这一解释，但是在其中的内容中，存在多方面分歧。

2. 对市场的效果

在不正当交易限制的主要内容中，从业者的价格协议里包括“在一定的交易领域中，限制实质的竞争”等内容。

在这一内容中，以是否出现民间垄断以及持有股份作为是否违反法律的重要标准，同时也作为反垄断法的原则之一，进行了基本的规定。

对于具体的“市场”的确定，按照以下的解释进行判定。

（1）交易的对象。有必要在交易的对象中以商品服务为基准确定市场。例如，参考过去的一些案例，可以看出，在电影这一领域中，确定其一定的交易领域，既包括日本电影与国外电影市场，也包括只由日本电影形成的一个市场。当交易对象以商品服务为基准确定市场时，根据不正当交易限制的影响及涉及的范围不同，市场的确定也不同。

（2）交易的阶段。在日本的商品流通中，对商品流通的过程可简单描述为：生产商→批发商→零售商→消费者。在这一交易中，每个阶段都形成了“一定的交易领域”。

（3）交易的区域。确定“一定的交易领域”的区域范围，是通过参加不正当交易的从业者共同的客户来判断其范围的。其中，以共同客户范围的大小或者在共同的客户范围内交易方选择来作为判断的基准。例如，在过去的案例中，通过丸之内、有乐街的电影院商业街来判定“一定的交易领域”。如果区域越广，反垄断法的规定也就越松缓，相反，对于相对较小的区域，也就会越严格。

（4）交易的对方。不正当交易限制中，一般的客户与类似政府部门这样的大客户，他们的特点、交易量、交易条件各不相同。因此，以交易方作为交易对象形成的“一定的交易领域”是否成立还存在很大的争论。东京高等法院的判决案例以及公正交易委员会的裁决案例中，在从事石油产品、苏打、混凝土产品的大客户，牛奶批发商店以及从事焦炭、活性炭的中小型客户中确定“一定的交易领域”的案例较多。

（5）交易的模式。即使在同样的交易阶段，由于营业模式不同，交易的模式也各不相同。此时，以不同的交易模式为基准，从而形成“一定的交易领域”。

（6）竞争的实际限制。不正当交易限制在反垄断法当中属于违法行为，“一定的交易领域”中存在竞争实际限制。判断市场竞争实际限制的标准不单单取决于数量方面的内容，还取决于每个案例的内容、市场占有率、可代替商品的有无、新加入者的难易程度等一系列综合因素。

3. 违法的不正当交易限制的类型

不正当交易限制存在各种类型，在反垄断法当中，不正当交易限制的定义包括价格、数量、技术、产品、设备、交易对方等方面的限制内容。除此之外，还包括由于从业者之间的相互限制出现的更多的不正当交易限制的类型。然而过去通过价格、数量、设备以及交易对方判断限制的案例比率较多。

（1）价格的不正当交易限制。在典型的不正当交易限制当中，价格的不正当交易限制所发生的案件数最多。而且，这些案例导致了现在的市场价格不断上扬，并造成了不好的结果。原来的市场，根据从业者之间的自由竞争来确定市场价格，从而可以回避价格竞争，实现自由竞争的市场经济体系。如果直接危害到这一体系的建立，价格不正当交易限制将受到严厉处理。

（2）数量的不正当交易限制。数量的不正当交易限制是指同类从业者达成一致意向，限制某种商品的生产数量及销售数量的不正当交易限制的行为。这一不正当交易限制的行为会改变市场的供给条件，利用人为因素维持相应的市场价格。在数量的不正当交易限制的实例中，有必要确定参与方的生产以及销售数量，为了达到不正当交易限制的实效性，参与方之间进行相互监督的情况较多。

（3）交易方的限制。从过去不正当交易限制违法的案例中可以看出，交易方的限制内容包括优质客户竞争的限制、承包企业的决定和共同销售。

#### 2.1.2.4 不正当交易方法的限制

在现在的经济社会发展过程中，每天都存在大量的交易，这些交易的内容以及模式各不相同，但是从反垄断法的角度看，属于违反公平竞争的案例较多。

对于在自由竞争条件下进行市场交易的日本来说，跟谁进行交易都基本为自由选择、公平竞争。如果没有违反自由竞争、公平交易，则交易的内容可以自由进行，也就不需要法律的介入。

但是，以促进公平、自由交易为目的的反垄断法，妨碍“公平交易”行为的“不公正交易方法”是其禁止的内容（第十九条）。在多数的交易方法中，对于什么样的交易属于不正当交易方法的范畴做出了明文规定（第二条第九款）。在这一规定当中，确定了六个类型，其中作为不正当交易方法的主要内容包括：第一，“阻碍公平竞争”的行为；第二，在法律上所规定的相关事项的行为；第三，公正交易委员会“指定”的行为。

另外，反垄断法为了确保市场中的公平竞争，进行了以下规定：

（1）确保自由竞争的内容。从业者之间自由竞争的各种关系及环境的建立。

（2）确保公平的竞争手段。自由竞争是以价格、质量为中心（效率竞争）进行竞争，并建立自由竞争的良好秩序。

（3）确保自由竞争的基础条件。交易的主体通过判断交易条件是否存在自由性、自主性因素，从而判断在交易市场中是否存在危害交易的情况。如果存在危害交易的情况，那么交易方法将阻碍公平竞争（即存在公平竞争阻碍性)，这样就违反了反垄断法第十九条的规定。从业者的行为如果涉及“不平等交易”的内容，公共交易委员会将对违反行为做出具体的处罚措施（第二十条)。另外还要追究从业者无过失损害赔偿责任（第二十五条)。

具体来说，判断不正当交易方法的标准在实际操作中存在很大困难。这是因为交易的模式以及内容各不相同，而且，交易的数量多，涉及的范围广。然而，在急速变化的经济社会中，这一判断非常有必要。从理想角度来说，对于每次交易都逐一进行反垄断法的判断，确定其是合法还是违法是非常有必要的，但在现实中是不可能实现的。

因而，公正交易委员会对过去的各种案例进行分析，对于违反反垄断法的案例进行分类，通过“公告”的形式对不正当交易方法进行了明确的认定，这一认定主要包括两种类型，其中一种是指不区分行业种类，对于各类从业者都适用的一般指定；另一类是针对包括海运行业、百货零售行业等特定行业适用的“特殊指定”。

1982 年，在公告“不正当交易方法”的一般指定中，确定了以下十六种行为类型：

第一，共同交易的拒绝（指定第一项）。

这一内容也被称为共同抵制交易行为，同行业的从业者通过集中各种力量，驱赶市场中特定从业者，或者夺取这些从业者的交易方，以上行为原则上都属于违法行为。

第二，其他交易的拒绝（指定第二项）。

这一内容是指从业者单独或者从自身角度出发，拒绝与交易对方的交易，另外，对于其他的从业者，也要求其拒绝与这些交易对象交易的行为（冈山县南生玉米协作组织事件、全国农协联合会事件）。

第三，差价处理（指定第三项）。

在一般的交易过程当中，交易双方出现价格的差异是常见的，而且价格的差异也是必然存在的。但是，价格的差异是由人为因素所引起，从而排挤那些积极参与公平竞争的从业者，使这些从业者处于非常不利的位置，导致这些从业者退出市场的行为在市场中属于不正当竞争行为，被列入不正当交易的范畴之内（北国新闻事件、东洋地毯事件）。

第四，交易条件的差异对待（指定第四项）。

在现实的交易中存在各种各样的交易条件的差异化，

这些都属于社会自然现象，不存在任何问题，也不涉及法律问题。然而，如果通过人为的因素导致交易条件的差异，最终导致一方处于极其有利位置，另一方处于极其不利位置，这一情况的发生将严重影响市场的公平竞争（大正制药事件）。

第五，对于从业者团体的差别对待（指定第五项）。

由于从业者团体或者共同的行为对其他从业者造成不正当排斥或者差别对待，最终导致其他从业者的经营活动出现困难，这样的行为都属于违法行为（滨中农协事件）。

第六，不正当廉价销售（指定第六项）。

通常，不正当廉价销售是普遍存在的，不涉及反垄断法的内容，而涉及反垄断法的内容包括廉价的模式、对竞争的影响、是否有正当的理由等，并根据以上内容判断是否违法。典型的不正当廉价销售的模式包括降低购入价格后，以这一价格进行廉价销售的行为（中部读卖新闻社紧急停止命令事件、东京都与牧场事件）。

第七，不正当高价购入（指定第七项）。

这一内容是与不正当廉价销售相反的不正当行为，指从业者对商品或者服务通过高价买入对其进行垄断，导致其他从业者的经营活动出现困难的行为。

第八，欺骗顾客行为（指定第八项）。

这一行为主要包括通过虚假、夸大的广告宣传致使顾客与从业者发生交易的行为，顾客对于商品以及服务不能进行自由的选择并作出正确的判断。

第九，通过不正当利益欺骗顾客（指定第九项）。

这一内容最典型的案例包括过度夸大商品的赠品而进行的销售行为，通过这一行为，顾客对商品、服务的品质、价格不能进行正确的选择，而是根据赠品的多少来进行判断，最终扰乱了市场的正常秩序（野村证券事件）。

第十，打包销售行为（指定第十项）。

例如，在销售商品A时，要求顾客同时购买商品B，形成打包销售模式，判断打包销售是否违法的标准是交易对方是否存在不正当的利益导向，通过这一行为，从市场中排挤其他的竞争者（长野县教科书供给所事件、藤田屋事件）。

第十一，附带其他条件的交易（指定第十一项）。

这一内容最典型的案例包括专卖制销售，也就是说，生产商对于流通企业只处理自己的产品，而不处理竞争对手的产品。针对这样的交易行为的违法性，要根据每个案件的性质不同进行个别判断（东瀛精米机事件、大分县奶酪事件）。

第十二，再销售价格的约束（指定第十二项）。

生产商与批发商进行交易时，生产商为批发商制定了批发价格，并且以这一批发价格作为批发商再销售价格为条件进行交易的行为。另外，生产商甚至对零售价格进行指定，从而确定零售商，这些都属于再销售价格的行为。再销售价格行为的判断标准为是否存在“正当理由”，若公正交易委员会以及最高法院不认定正当理由的内容，再销售价格行为的约束原则上就属于违法行为（和光堂事件、资生堂事件）。

第十三，附加约束条件交易（指定第十三项）。

这一内容是指在与对方进行交易的过程中或其他的经营活动中，设置附加交易条件形成约束的行为（富士照片胶卷事件、松下 EC 事件）。

第十四，优越地位的滥用（指定第十四项）。

利用自己在交易上所处的优越地位，以“不正当的商业习惯”而进行的交易行为都属于违法行为，有过去的裁决案例如下。

ⅰ. 对于持续进行交易的对方，大量购入交易对象以外的商品及服务。

ⅱ. 对于持续进行交易的对方，要求对方为自己提供金钱的行为。

ⅲ对交易方提出没有利益的交易条件。

ⅳ. 另外，交易条件的制定以及交易的实施对交易方出现不利的结果。

ⅴ. 对于交易方企业负责人的任免进行干涉。

ⅵ. 与大规模的零售企业及下游企业的交易中，在退货、从业人员的派遣，多频度、小批次的配送方面提出要求（3越事件、全国农协联合会事件）。

第十五，对于竞争者交易的妨碍行为（神奈川生玉米协作组织事件、东芝电梯事件）（指定第十五项）。

第十六，对于竞争企业内部的干涉（指定第十六项）。

### 2.1.2.5 从业团体与反垄断法

1. 前言

从业者团体是指类似（社）日本钢铁联盟的“以推进从业者的共同利益为目的，两个以上的从业者的结合体或者联合体”组织（第二条第二款）。

即使像研究会、合作组织等这样的组织，只要是以推进从业者的共同利益为目的的，都属于从业团体的范畴。

反垄断法对于从业者团体的活动内容有严格的规定和要求，但是从以往的经验看，从业者团体成为了不正当交易限制的根源的案例较多，不正当交易限制的活动在从业者团体里发生的可能性也较明显。

另外，从业者团体的成立到解散，必须在“三十天”以内，向公正交易委员会提出申请。

2. 从业者团体的活动规定

从业者团体不可以“在一定的交易领域中，进行实质的限制竞争活动”。也就是说，对于从业者团体，禁止不正当交易限制。另外，作为这项规定的补充内容，禁止“从业者的数量限制”以及“从业者的功能活动限制”，以下对这些禁止内容进行了简单的说明。

第一，不正当交易限制的禁止（第八条第二款第一项）。

从业者团体进行不正当交易限制与从业者进行不正当交易限制不同，行为类型的明确性与违反公益性的内容不确定，这都是由于从业者团体对不同从业者进行了集中，所以不涉及活动类型，而且不判断其公共性的内容，因此，出现违反行为的可能性较大。

但是，从业者团体的重要活动之一包括信息交换活动，根据这些活动限制了交易的价格和数量，如果限制了市场的实际竞争活动，将属于违反行为。

第二，从业者数量的限制（第八条第一款第三项）。

从业者团体为了确保现有的从业者的权益，对于新加入市场的从业者进行人为阻止的行为。

第三，对于从业者功能活动的不正当限制（第八条第一款第四项）。

从业者过度的内部统治在一定的交易竞争领域中形成了实质的限制行为，这些活动都属于违法行为，具体来说，根据价格、交易条件、经营方法拒绝交易的行为在过去的违法案例当中多次出现。

3. 从业者团体的指导方针

公正交易委员会为了防止从业者团体的违法行为，在 1979 年 8 月公布了《关于从业者团体活动的反垄断法的指导方针》，这个指导方针的公布与过去的内容有很大不同，关于从业者团体活动的内容发生了很大的变化，与1995年10月30日公布的指导方针和1979年的指导方针（以下简称《旧指导方针》）相比，进行了全面的修订（以下简称《新指导方针》）。

在此对《新指导方针》的主要修正点进行介绍说明：

第一，新指导方针的整体构成。

《旧指导方针》列举的十项活动类型，《新指导方针》又追加了两项活动类型，最终形成十二项活动类型。此外，这十二项活动类型中，每一项内容都把“原则上的违法内容”、“违反及涉及内容”、“作为原则上不能违反内容”进行了区分，具体的活动内容、行为规定如下所示：

ⅰ. 价格限制行为

ⅱ. 数量限制行为

ⅲ. 顾客、销售渠道限制行为

ⅳ. 设备以及技术限制行为

ⅴ. 参与限制行为

ⅵ. 不正当交易方法

ⅶ. 种类、品质、规格等相关行为

ⅷ. 经营种类、内容、方法等相关行为

ⅸ. 信息活动

ⅹ. 经营指导

ⅺ. 共同事业

ⅻ. 公共的规定及行政管理等相关行为

第二，关于《新指导方针》追加内容的说明。

(1) 公共的规定及行政管理等相关行为的指导意见。从过去来看，日本的从业团体从事参与政府相关部门活动的内容比重较大，但是近年来，由于出现了许多从业者团体违反反垄断法的相关案件，从业者的认定以及申请内容受到很大限制，这包括申请的认定和参与公共事业的权力限制等相关内容。这是由于在公共规定、行政管理与从业者团体的关系中，要防止和杜绝竞争限制的环境或者由于一些惯例所导致的案件的发生。从反垄断法的角度上考虑，作为一项对从业者团体新增设的公共规定并与行政管理相关联的《新指导方针》，要明确其主要的类型。

(2) 关于参与限制指导方针的说明。在日本各个产业的领域中，从业者团体所占据的位置非常重要，通过从业者团体的活动进一步拓展内外从业者之间的相互联系。对此，根据从业者团体的活动，从业者新加入方受到了限制，特定的从业者在市场中受到排挤，从业者团体的存在性和活动内容在维持市场封闭性效果方面，将出现很大的问题，因此，必须对从业者团体参加的限制行为做出明确规定。

（3）关于自主规定等指导方针的建议。自主规定、自主认证、自主认定等内容是围绕从业者团体近来的一系列环境变化，对从业者团体提出增强社会性要求的活动，其中包括保持自主、积极的社会经济意识。另外，这里指的以公共目的为中心的意思是，以维持业界的竞争秩序为目的，或以形成正当的竞争关系为目的，从业者团体对其会员企业的自由活动若采取过度限制，将会出现阻碍正当竞争关系的局面。

（4）与从业者团体相关的法律（第三条以及第十九条违反行为的提示）。从业者团体委员会、分会、研究会等各个层面的组织，其会员企业在价格上与交易方进行反复的信息交换，最终导致不正当交易限制案件的发生。

在此，《新指导方针》对于信息活动等相关问题做出了一系列的指导。

#### 2.1.2.6　关于股份公司部分禁止内容的解除

反垄断法自从制定到实施以来，对于股份公司的设立（第九条第一款）以及向股份公司转化都做出了全面的禁止，这是因为战前日本国民经济受到一部分财阀组织的影响，结果走向了悲惨的战争道路，这一点必须要进行反省。为了防止股份公司（财阀）这种行为的出现，原则上对股份公司（财阀）全面禁止。

但是，根据1997年反垄断法的修正（1997年6月18日法律第87号），为了防止“从业支配力量的过度集中”，股份公司的设立在此得到认可。

## 2.2　赠品标识法

### 2.2.1　前言

1960年（昭和35年）某主妇在附近的食品店购买了标有“牛肉大和炖”的罐头，在该罐头中发现了苍蝇遗骸，以此事为开端，东京都（卫生局）等对罐头进行了检查，发现罐头食品并非牛肉，而是鲸鱼肉或马肉，结果该“假牛肉罐头事件”震惊日本全国上下。当时正值年末大促销，商店街到处都是“馈赠一万日元”、购买

50 日元口香糖可中 1000 万日元大奖等。过度有奖促销方式到了泛滥的地步。

在这样的时代背景下，1962 年（昭和 37 年）5 月，日本制订了《防止不当赠品以及不当标识法》，一般简称为《赠标法》或《赠品标识法》。

在该项法律出台之前，规范不当标识以及不当赠品的法律很少，仅在反垄断法规范不公平交易方法（不当标识诱导顾客）的条款中稍有涉及。但是，反垄断法所涉及的惩罚措施、劝告、审判等手续烦琐且耗时长，因此对不当标识以及过度有奖促销方式不能迅速采取应对措施。因此，《赠品标识法》作为完善反垄断法的补充法案被制定出来了。

《赠品标识法》是“为了防止以不当的赠品以及标识诱导顾客”，作为反垄断法的特别法案而制定的。因此，其目的是“确保公平竞争，进而保护消费者的利益”（第一条），可以说与反垄断法具有同样目的。反垄断法主要针对的是企业间价格、质量的竞争，过度有奖促销和不当标识同样也阻碍了公平竞争。

为了能迅速应对市场变化的需求，依据公平交易委员会的指定和告示进行规范是该法律的重点。例如：

①对赠品标识法的规范对象“奖品类”和“标识”，该法不做统一规定，为了能够灵活应对交易状况的实际变化情况，由公平交易委员会进行指定（第二条）；②在规范奖品类时，由公平交易委员会根据行业的实际状况，针对“奖品类价格的最高价或总额、种类或提供方法”等进行限制或禁止（第三条）；③关于不当标识，在法律规定的禁止事项以外，公平交易委员会可以对“一般消费者有可能产生误解的标识”进行指定（第四条第三项）等。

而且，公平交易委员会的部分权限可以移交给都道府县，由各地在辖区内处理相应事件。

### 2.2.2 奖品类的规范

在我们的周围，“减价”或“抽奖”等有奖促销活动很多，但是，过度有奖促销会产生诸多危害，必须要加以一定程度的规范。

正如前面所说，赠品标识法所涉及的奖品规范的实际情况由公平交易委员会主导，公平交易委员会针对奖品类的限制告示有两类，一类是针对行业整体的一般法规，另一类是只针对特定行业的法规。在此，对前者作简要介绍，具体包括“悬赏型销售”、“公开悬赏”和“奖品均得”三种。

#### 2.2.2.1 悬赏型销售

悬赏是指随着商品交易或劳务供应发生，利用抽奖以及其他偶然性或者由消费者特定行为的优劣正误等，来确定获奖者或决定是否提供奖品的方法（见表2－1）。

在悬赏方法中，诸如“对图形”、“对文字”和“对卡片”的方法，即提示不同种类符号图表的特定组合之类的方法是被禁止的，因为这种方法常用于针对儿童的商品销售中，容易引发儿童的侥幸心理。而且从过去的事例可以发现，有些不法商家所提示的组合根本不可能实现。

**表2－1**

| 交易总额 | 奖品最高价 |
| --- | --- |
| 500日元以下 | 交易价款的20倍 |
| 500～5万日元 | 1万日元 |
| 5万～10万日元 | 3万日元 |
| 10万日元以上 | 5万日元 |
| 奖品类总额 | 预计销售收入总额的2% |

根据1996年（平成8年）2月修改的《关于提供悬赏奖品的限制事项》（公平交易委员会告示）可知，“悬

赏提供奖品的最高额度在与该悬赏有关的交易价格的20倍以内”（但是，“当该金额超过10万日元时一律为10万日元以内”），奖品类总额“不得超过该悬赏有关的交易预计总额的2%”。

这里所说的“交易价格”是指，比如由抽奖决定获奖者时，为了获得一次抽奖机会而换取一张抽奖券所必须购买商品或劳务的价款。所谓“预计销售收入总额”是指，通过悬赏销售商品可能获得的预期价款。由于是预期价款，因此可根据过去收入业绩进行估算或通过合理方法进行估算，只要估算方法能够得到确证即可。

当商业街共同举办悬赏销售时，无论是否有特殊条款涉及交易价格，奖品类最高额度为30万日元以内，且奖品总额为预计总额的3%。

### 2.2.2.2 公开悬赏

所谓公开悬赏，是指通过报刊杂志的广告刊载悬赏事项或者通过明信片的方式进行悬赏等，且通过报刊杂志公布中奖者或直接通知中奖者本人，并向中奖者邮寄奖品，该悬赏与商品交易或劳务供应无关，是可单独进行且提供经济利益的悬赏方式。

这种方式有时可用来提高新办企业或新开发商品的

知名度，也可用于进行市场调查或开发客源。过去的实例显示，一个该类计划最多时可募集到850万个回复。

公开悬赏能提供的经济利益最高额一般为1000万日元以内，而对于总额没有特别限制。

2.2.2.3　奖品均得

奖品均得就是购买者全员均可得到奖品，即对购买某种商品的所有购买者均提供奖品的方法。奖品类的提供按表2－2进行，奖品类的总额没有特别限制。

**表2－2**

| 交易总额 | 奖品最高价 |
|---|---|
| 1000日元以下 | 100日元 |
| 1000~50万日元 | 交易价格的十分之一 |
| 50万日元以上 | 5万日元 |

根据1996年2月修改的《关于向一般消费者提供奖品类的限制事项》（公平交易委员会告示），“奖品类的提供额度限制在与之相关的交易价格的十分之一以内（当该金额不足100日元时为100日元）”。也就是说，5万日元的交易额所能给予的奖品额度为5000日元以内。

2.2.2.4　公平竞争规则条款制度

赠品标识法第十条规定，企业或企业团体在取得公平交易委员会的认定后可以制定奖品类或标识相关的规则条款（公平竞争规则条款）。

公平竞争规则条款是某行业综合考虑本行业的市场条件、商品特性、消费者的购买行为、市场惯例等情况而制定的只适用于该行业的奖品或标识的法规制度。只要遵循公平竞争交易委员会认定的规则条款，就可以被认为是合法的，这是公平竞争规则条款的优势。一般情况下，进行有奖促销的企业大多情况下都联合同行业的其他企业共同进行，事前制定一定程度的规则条款，其目的是在事前预防不合法的情况出现。

### 2.2.3 不正当标识的限制

市场上流通着海量的商品，但是一般消费者并不具备检验商品的专业知识或相关技术知识，因此，只能凭商标广告来选择商品。如果商家进行夸大其词的广告标识宣传，消费者就有可能蒙受损失。

为此，赠品标识法作为垄断禁止法的补充法规对不正当标识进行了法规限制。在此，我们可以了解一下一些典型的不正当标识事例。

2.2.3.1　不正当价格标识

价格标识事例多数为“双重价格标识”的情况，即将厂家预期零售价格作为对照价格进行标识。公平交易委员会将下列事例定为违反了赠品标识法第四条第二项的规定。

（1）双重价格标识。在价码牌上标记双重价格，将高于实际销售价格的价格作为对照价格进行标记，一是选择高于市价的价格；二是选择高于预售价格的价格或选择虚假的价格作为预售价格；三是选择高于本店原售价的价格或将虚假的价格作为本店原售价。

（2）在二手货、污损品、残次品、旧款型号上标记与新品相同的价格，或将预售价格作为对照价格进行标识（明确标记为二手货等的情况除外）。

（3）将低于实际销售价格的虚假价格作为实际销售价格进行标记。

（4）使用大出血、工厂转让清仓价格、超级便宜甩卖等字眼，让人产生该商品很便宜的印象，而事实并非如此。

2.2.3.2　功能效果的标识

近年来，消费者比较注重身体健康，对产品的功能效果日益关心。关于商品或劳务的质量、性能、功能、效果等的标识，让一般消费者误以为比实物或其他竞争对手的要好，这就是不当标识（第四条第一项）。

具体来说有三种情况，一是可以认为该功能效果的标识内容无客观依据；二是可以认为该功能效果的标识内容能让大多数接触该标识的消费者产生误解；三是可以认为该功能效果标识内容给进行正常营业的竞争对手带来经营上的影响。

下列情况被认为是无客观依据的标识。

（1）构成标识依据的成分、物质等完全或几乎没有标识；

（2）把构成标识依据的含量成分或功效写得似乎比一般的要好，但实际上与一般的没有太大的差别；

（3）从别人所著的论文中只引用对自己有利的部分；

（4）标识的专家推荐、购买者体验等与事实相反；

（5）把功能和效果标识写成似乎短时间内就能达到，而从经验规则上看根本不可能达到。

#### 2.2.3.3 关于原产国的不当标识

不正确标识出原产国，容易让一般消费者以为该商品的质量非常好，造成超出实际水平的误解，这就违反了赠品标识法第四条第一项的规定。

2.2.3.4　关于劳务的不当标识

近年来，英语培训班或假日俱乐部的会员招募广告，其不当标识比较明显。随着我国软实力的进步，服务业快速增长，但是正因为劳务无形，所以更需要在内容上有正确的标识。

跟“商品”一样，赠品标识法也对“劳务”作了规范。一般认为，关于劳务的质量、内容的不当标识由第四条第一项规范，关于劳务的价格以及其他交易条件的不当标识由第四条第二项规范，但是关于劳务一般规范的解释标准还没有制定出来。

2.2.3.5　类比广告

在美国经常能看到一些广告宣传自己的产品质量等比竞争对手的要好，但是多年来这种类比广告在我国是被禁止的。在我国市场被要求进一步开放的外部压力下，外国企业提出允许类比广告的要求，为此，我国也慢慢地出现了类比广告。

公平交易委员会在1987年4月公布了《关于类比广告在赠品标识法上的应对方法》，该法将下列情况视为不当标识：一是拿未获得实际证明或不可能获得实际证明的事项进行比较；二是将对于一般消费者的选择并不重要的事项强调成很重要而进行比较，以及恣意选出可比商品且依据不公平的比较标准进行比较；三是不对一般消费者提供具体信息，而是对竞争对手或者其商品进行诽谤和中伤。

该方法还规定恰当的类比广告必须满足下列四个条件。

（1）比较广告所列示的内容要经过客观的实际证明。

（2）所引用的经过实际证明，确定其数据和事实是正确的、恰当的。

（3）比较方法是公平的。

（4）没有诽谤中伤的广告内容。

类比广告在我国出现时间不长，这样的广告能不能被一般消费者所接受，还有待时间的检验。

后叙的不正当竞争防止法也对不当标识进行了规范。两者的差异是，不正当竞争防止法基本上是以保护企业个体利益为目的的，赠品标识法是以保护竞争秩序为目的的。但是，实际上两者在内容上没有太大的差别，只在规范手段上有所区别，前者通过打官司和惩罚进行制止，后者通过行政处罚进行制止。

## 2.3 特殊销售规范法——上门推销法

### 2.3.1 制定背景

近年来，商品的销售方法呈现出了多样化。通过电视、广播以及互联网的通信营销也非常普及。

传统的销售方法是在门店里对顾客进行面对面的销售，而目前门店以外的销售方法显著增加。这种门店以外的销售方法有很多优点，但是也有不足，自20世纪60年代后半期以来，商家和顾客的纠纷逐渐增多，成了不可忽视的社会问题。

由于以上的这些原因，为了规范门店以外的“特殊营销”方式，1976年（昭和51年）6月4日本政府专门制定并于同年12月3日实施了《关于上门推销等的法律》（简称“上门推销法”）。该法规范对象为“特殊营销”方式，具体包括“上门推销”、“通信营销”和“传销”三种方式。

1974年相关部门首次公开提出对特殊营销进行法律规范，同年7月经济企划厅的国民生活审议会消费者保护部会公布了《消费者利益受到损害的现状和对策——

关于强化商家的责任意识》报告，其中提到了特殊营销。在同一时期，通产省的产业结构审议会流通部会也对该问题进行了集中的审议。

该会于1974年12月公布了《关于特殊营销的规范化问题》的中期审议报告。上述两会在审议上均提出对特殊营销法律规范的必要性，尤其是强烈呼吁应尽早采取法律措施对当时已成为一大社会问题的传销予以规范。两会审议的重点就是原则上禁止传销，并对上门推销和通信营销的弊端进行法律规范。

1976年4月1日，制定《关于上门推销等法律》的议案被提交到国会，并于同年6月制定。之后，随着销售方法的快速变化，恶性纠纷事件层出不穷，为此，1988年（昭和63年）日本进行了大幅度的法律修订。

## 2.3.2 主要内容

### 2.3.2.1 目的

上门推销法第一条规定了该法的目的，指出该法以“为了确保上门推销和通信营销以及连锁交易营销等相关交易的公正进行，保护购买者的切身利益，防止其受损害，进而促进商品流通和劳务供应的顺利进行”为目的。

从该规定可以看出，该法以防止消费者（购买者）在特殊营销中利益受到损害为重点。

2.3.2.2 关于上门推销的法律规范

1. 上门推销的定义

根据该法的定义，上门推销是指销售商家在营业所以外的地方接受买卖合同的申请或者签订买卖合同进行指定商品或指定权利的销售，或者劳务提供者在营业所以外的地方接受劳务提供合同的申请或者签订劳务提供合同进行指定劳务的提供（第一条第一款）。

在营业所以外的地方接受购买者提出购买申请或与购买者进行有关买卖的其他行为，包括在车站或路上进行的随机推销，以及通过电话等方式约购买者来营业所购买的“约访销售”都被行政指令为该法的规范对象。

2. 规范对象所属交易

（1）指定商品相关交易。例如，本法不以鲜鱼和蔬菜等地摊商为规范对象。在日常生活的相关交易所销售的商品中，以行政指令规定者为对象。

（2）指定权利相关交易。所谓指定权利是指利用设施或接受劳务提供的权利中日常生活所销售的、有行政指令规定的权利。目前，被指定的权利有度假地会员权、运动会员权、外语班会员权等。

（3）指定劳务相关交易。所谓指定劳务是指日常生活交易中被有偿交易的、被行政指令规定的劳务。具体有美体沙龙、电话机等的租赁、家具有害动物（如白蚁等）的驱除等。

3. 信息披露的规范

（1）姓名、商品信息的披露（第三条）。上门推销时，销售员有必要明示自己的访问目的。也就是说，商家或提供劳务的企业、售货员进行上门推销时，必须向对方明示姓名、企业名称以及商品或劳务的种类。

（2）填写合约以及书面提交（第四、五条）。商家或劳务提供企业在收到购买方购买申请时，必须向购买方交付填明下列事项的书面合约。

ⅰ. 商品、权力的销售价格或劳务的代价

ⅱ. 价款等的支付方法、期限

ⅲ. 商品等的交货期限

ⅳ. 关于解除合约的事项

4. 合约的解除

在上门推销中，有时候，由于销售方的强行推销或销货员的花言巧语，消费者有可能会未经认真考虑就签订购买合约，事后经冷静思考希望取消购买合约。

为此上门推销法第六条规定消费者（购买者）有权解除合约。解除合约的权利是指在一定期限内不损害任何利益的情况下，撤销自己先前的购买申请或解除已经签订的合约的权利。

合约的解除期限为从书面合约的交付起 8 天以内。另外，关于现金交易，以前没有相关的规定，但从 1988 年的法律修订后，现金交易的规范是在行政指令规定金额（3000 日元）以上的交易也适用该法。

关于汽车的购买，通常情况下购买者在作决定时会有充分的时间去思考，所以汽车购买不在法律规范内，另外，化妆品等部分消费品如果被使用或部分消费，其价值明显减少时，购买者无合约的解除权利。

#### 2. 3. 2. 3 有关通信营销的法律规范

1. 通信营销的定义

根据该法的定义，通信营销是指商家通过邮寄或其他方法根据客户的购买申请销售指定商品或指定权利，或者劳务提供企业通过邮寄或其他方法根据客户的劳务购买申请而提供指定劳务的销售（第二条第二款）。

上述“其他方法”是指利用电话、传真等通信器材进行的方法，也包含向银行转账汇款等方法。

2. 广告规范

在进行通信营销时，商家有义务在广告上标明正确的销售条件等信息，且该广告要记载规定的事项。这是因为商家的广告在购买者作购买决策时起到极为重要的作用。

具体有以下一些规定事项（第八条）。

①销售价格；②付款期限和方法；③商品的发货日期等；④合约解除事项。

3. 单方销售的规范

消费者没有提出购买申请，商家单方面将商品邮寄过来，消费者如果在规定期限内不将商品退货就被视同为购买，这种销售方法就是单方销售，在我国不是很普及。

单方面将商品寄过来时销售合约并不成立，但这不意味着消费者可以随意消费或处理该商品，只是具有要负责保管该商品的义务。但是，消费者单方面被强加义务并不合理，因此，法律规定在一定保管期限（14 天，如果消费者向商家提出取走该商品的要求时，按规定为提出之日起 7 天）过期后，消费者可自行处置该商品（第十八条）。

4. 关于传销的法律规范

（1）传销的定义。传销就是通过层层增加会员（销售人员）来扩大销量的销售方法。由于地球上人数有限，进行销售的会员不可能无穷地增加，总会有达到极限的时候，因此传销是非常恶劣的营销方式。比如说按照金字塔形的方式进行传销，每个人每天负责增加 2 个会员，到第 28 天时，就必须要发动相当于日本全国人口的人数入会，这注定是要失败的。

在美国，传销又被称为“多阶段式营销方式”，有多种形态，但以下几点是它们的共同特点。

第一，传销组织在合约上将会员视为独立的商人，也就是说，要让那些没有营销经验的普通消费者入会。

第二，传销系统要将会员分为若干个级别，级别越高的会员要取得相应资格的负担越大，但同时其获利也更大。

第三，会员的利润源泉除了来自于商品流通中的差价外，也来自于增加会员这一途径，以及通过促使下级的会员获取高级别的资格从而获得更多的利润。

传销成立的前提是几何级数地增加会员，由于这注定是要失败的，且被害者同时又是加害者，破坏了人与人之间的正常关系，引起了深刻的社会问题。据说在1973年到1974年的两年间，从事传销的企业有300～500家，被害人数多达100万人。

据说，老鼠会这一传销方式在第二次世界大战前就存在了，但开始被视为一大社会问题是在1967年，当时，“第一相互经济研究所”（之后改名为“天下一家之会第一相互经济研究所”）设立了“亲友会”，其宣传口号是“只要支付2080日元发展4个会员就可以赚到1024000日元”，由此，会员不断增加，到1972年时就发展到约72万会员。1978年11月，日本通过制定《有关防止传销的法律》对老鼠会进行了全面的禁止。

在该法制定之前，1975年发生了Holiday Magic公司违反垄断禁止法事件，这事件与传销有关。现在，该法对这方面的违法行为进行了很严格的规范。

但是，该法并没有直接把传销作为规范对象，而是使用了连锁交易营销这一更宽泛的概念来定义规范对象。这是因为，设置相关要件将传销和其他的营销方式严格地区分开来在立法上是很困难的事，不过这并不妨碍将传销作为主要规范对象。

根据该法的定义，所谓连锁交易营销是指在物品销售或有偿提供劳务的业务中，对于销售标的物进行再销售者、受托销售或进行销售的中介者、提供同种劳务者或提供这些劳务的中介者，以能够获取特定利益劝诱他们，以承担特殊负担为条件，并与他们进行商品销售或为其提供中介或提供同种劳务或提供这些劳务的中介的交易行为（第十一条第一款）。

关于新加入营销组织者以交易费或商品购入的名目所支付的费用（特殊负担），由于考虑到有必要做出社会规范，目前的行政指令是2万日元以上为规范对象。

（2）禁止行为。法律规定，在连锁交易营销中向对方进行劝诱时，“对于连锁交易营销业务的重要事项，不能有意隐瞒相关事实或告知虚假内容的行为（第十二条）”。而传销中常常会故意用错误的信息或歪曲的信息进行劝诱或强行劝诱对方，用不正当的方法让对方作出错误的决策或者用不正当的方法妨碍对方解除合约，为了禁止这种不正当行为，防止交易方受到损害，才制定了这一规定。

## 2.4 不正当竞争防止法

### 2.4.1 制定背景和沿革

日本不正当竞争防止法是在1934年（昭和9年）制定的。作为规范经营中不正当竞争的法律，明治末年也存在几个法案，不过当时认为日本作为后进资本主义国家要想与国外先进的资本主义国家在国际市场上竞争，即使存在某种程度的不正当竞争也是不得已的，所以该法的制定被拖延到了第一次世界大战以后。也就是说，随着国际上关于工业所有权的巴黎公约（1883年）更新为布鲁塞尔修正公约（1900年），在不正当竞争中，工业所有权得到保护。日本在加入有关工业所有权保护的海牙修正公约（1925年）时才作为加入公约的义务，制定了不正当竞争防止法。

当时该法只有六条，即除了海牙修正公约禁止的不正当竞争行为所规范的损害赔偿请求权、中止请求权、恢复信誉请求权之外，还规定了禁止使用外国的商标等。

1934年制定该法后，分别于1938年（昭和13年）、1950年（昭和25年）、1953年（昭和28年）、1965年

（昭和40年）、1975年（昭和50年）、1990年（平成2年）、1993年（平成5年）进行了修订。

其中，1938年的修订是随着巴黎公约的伦敦修订而进行的，1950年根据占领下的GHQ指令，为了使立足于自由竞争下的日本经济进行健康、公正的运营并振兴贸易，从维护企业家公正健全的活动和确保国际信誉这一重要出发点对该法进行了修订。

1953年的修订，根据马德里协定，扩大了假冒原产地、假冒出处的范围，设定了葡萄产品的特殊条款。1965年的修订，是根据1958年里斯本的修订，增加了禁止商标权的代理人和代理者冒用商标行为等的条款。1990年的修订，是为了应对GATT乌拉圭回合谈判的TRIP（知识产权的贸易相关事项），修订了保护经营秘密这一重要条款。

但是，不正当竞争法不是从日本本身的需要出发来制定和修订的，为了应对经济社会的变化和发展，应该要从根本上进行制定和修订，但却一直被拖延。随着技术革新和信息化的发展，经济社会出现了显著的变化，在这个过程中，近年来在各种经营活动中，如何运用知识产权已变得极为重要，保护知识产权也引起了社会的极大关注。同时，从不正当竞争的内容来看已呈多样化和恶性化的发展趋势，相关问题已非常严重了。

根据以上的情况，该法于1993年（平成5年，实施于平成6年）从根本上进行了修订，导入了法律目的以及相关定义规定等，修改了1934年以来所使用的片假名文字表述。

### 2.4.2　主要内容

#### 2.4.2.1　目的

该法以“为确保企业间的公平竞争以及与此相关的国际约定的有效实施，防止不正当竞争以及建立与不正当竞争相关的损害赔偿措施等”为直接的目的（第一条）。该规定是在1993年修订时制定的。

不正当竞争防止法是以保护知识产权和维护竞争秩序为目的的，与垄断禁止法和赠品标识法等不同，它的保护对象是单个企业的私利。也就是说，垄断禁止法是以维护市场的公平和自由的竞争，也就是保护公共的市场竞争秩序为目的的，与此相对应，不正当竞争法是从商业伦理的立场出发，促进市场中企业之间的竞争有序进行，通过司法程序进行救助的法律。因此，不正当竞争法所指的保护、规范的请求权者仅限于竞争企业（一般消费者不能依据本法请求救助）。

2.4.2.2　不正当竞争行为的类型

第二条是定义规定，该规定也是此次修订后制定的。

与民法（第709条）中不法行为的规定不同，不正当竞争法有限地列举了不正当竞争行为，只将所列举的行为类型作为救助或制裁的对象。具体来说，第二条第一款各项所列举的12个行为类型为不正当竞争行为。

1. 引起混同行为（第二条第一款第一项）

他人的商品等标识在使用者中有广泛的知名度，为此，使用与该标识相同或类似的商品等标识，使之产生与他人的商品或营业的混同效果，这种使人产生混同的行为就是不正当竞争行为。

这是为了维护交易经济的公平秩序和保护一般消费者的措施。例如，曾有这样的实例，某企业在自动售卖机上销售汉堡时，故意将其标识为“麦当劳汉堡”，让消费者误以为是麦当劳公司的商品。这就是不正当竞争行为。

（1）这里所说的“商品等标识”是指商品标识和营业标识，主要包括以下一些内容。

ⅰ．“与他人业务相关的名称”

这是指在商品标识和营业标识中所使用的名字，包括真名、艺名、笔名、爱称、略称等。

ⅱ．“商号”

商人在业务经营中所使用的标识自己的名称，与是否注册无关。

ⅲ．“商标”

这里所说的商标，包括已按商标法进行注册的商标和没有注册的商标。

ⅳ．“徽标”

立体徽标或动态徽标，只要具有标识商品或营业特点的功能就在此列。

ⅴ．“商品容器”“商品包装”

放置商品的袋、瓶、箱、罐等，例如可口可乐瓶，从瓶的外观就能判断该商品（获得“知名”的外观），这种情况是本法的保护对象。

ⅵ．“其他的商品标识或营业标识”

这是指除上述以外的、具有识别他人商品或营业特点的功能的标识。具体来说，有商品自有形态、商品的外观、材料的组合、商品的色彩、徽标、招牌等。

（2）在“引起混同行为”这一说法中，“混同”是指将某商品或营业误解为他人的知名商品或营业，因此，“引起混同行为”不一定是已产生现实的混同结果，只要有产生混同效果的可能性就足够。

2. 冒用知名标识（第二条第一款第二项）

不经允许将知名标识用（冒用）于商品、商号、营业的行为也是不正当竞争行为。

在我们的周围，诸如“保时捷”“香奈儿”“JAL”“三菱”等众所周知的标识都是经过多年的努力经营才使其高信誉、高名气、高评价的形象得以确立的，依法受到保护。

也就是说，冒用这种知名的商品标识和营业标识的行为，就是未经过应有的营业努力而白白占有其具有的客户吸引力，而且如果对这种行为放任不管的话，还有可能会使该知名标识常年努力的成果化为泡影，因此，要禁止这种行为。

3. 酷似模仿（第二条第一款第三项）

酷似模仿是指模仿他人的商品形态，完全模仿前人的成果，没有任何改变的行为。

近年来，有模仿者通过快速并大量地仿制他人的热卖商品投放到市场而获取高额利润。如果放任这种行为，新商品的研发投资就会受到打击。

因此，不管其商品形态作为商品标识是否具有相应的功能，酷似模仿他人的商品形态都被视为不正当竞争行为。

4. 营业机密的不正当取得、使用和披露（第二条第一款第四至六项）

近年来，随着技术革新、信息化的发展，技术上或营业上的诀窍作为“营业机密”起着极为重要的作用。有人指出，在我们经济社会中使用“商业间谍”这一不正当手段获取他人营业机密的行为较为泛滥。

因此，1990 年，随着不正当竞争防止法的修订而增加了规定，对有关营业机密的不正当行为可以依法行使中止请求权等权利，完善了我国保护营业机密的相关法规。本法所指的营业机密，要满足以下三个要件。

（1）秘密管理——被作为秘密而管理着。

（2）有用性——对生产方法、销售方法等经营活动有用的技术上或营业上的信息。

（3）非公知性——未公开不被一般人知道。

“营业机密的不正当取得”（第四项）是指通过窃

取、欺诈、强迫或其他的不正当手段获取营业机密，在过去的事件中也有追究刑事责任（盗窃以及业务上的挪用）的例子，所谓商业间谍就是典型事例。

“营业机密的使用”（第五、第六项）是指在制造商品、实施经营活动中直接使用营业机密，或在研究开发、经营活动的实施中参考营业机密的行为。例如，使用通过不正当手段取得的顾客名录、供货商列表、销售指南等进行营业活动的行为。

“营业机密的披露”（第五、第六项）是指通过不正当手段取得营业机密的人向第三者销售、租赁、授权许可使用营业机密的行为，包括向不特定群体泄露营业机密的行为。

5. 有关营业机密的违信泄露（第二条第一款第七至九项）

即使是营业机密的拥有者自己向职员、合约的其他方出示营业机密，只要在显著违背两者之间的信赖关系下使用、披露该营业机密，也属于不正当竞争行为。多数情况下，拥有者和对方会通过合约对营业机密的使用或披露事先加以限制。但是，即使没有事先约定，只要有违双方的信赖关系而使用或披露，也算违反了该法。

以下属于违信泄露（breach of confidence）的类型。

以获取不正当利益为目的而使用、披露从拥有者那获知的营业机密的行为是不正当竞争行为（第七项）。通过营业机密的不正当披露，或者明知获取营业机密过程中存在不正当披露行为，而获得营业机密或使用、披露该营业机密的行为也属于不正当竞争行为（第八项）。不正当披露行为即使是事后判明属恶意的，同样是不正当竞争行为（第九项）。

6. 商品、劳务内容等引起误解行为（第二条第一款第十项）

例如，“英国生产的西服面料”、“加利福尼亚葡萄酒”，像这样的商品只要一听其原产地名称，就能大概推测出商品的内容、质量。因此，关于商品或劳务的“原产地、质量、内容、制造方法、用途或数量”附上“让人误解的标识”的行为，属于不正当竞争行为（第十项）。

7. 毁坏信誉（第二条第一款第十一项）

“公布或者散布虚假事实，损害竞争关系中他人的营业信誉的行为”属于不正当竞争行为。对竞争关系上的他人的营业进行诽谤中伤，从商业伦理上是不能容忍的行为。

8. 代理人等的商标冒用（第二条第一款第十二项）

本项规定，即使在巴黎和约同盟国中取得商标权，但在我国未取得商标权，商标权人的代理人（进口总代理店等被商标权人赋予代理权者）或代表人（商标权人为法人时的代表者）在我国从事的商标冒用行为也属于不正当竞争行为。另外，商标权人的代理人、代表人所从事的冒用行为，从他们退出代理人、代表人资格起一年以内的冒用行为都是本规定的规范对象。

9. 其他不正当竞争行为

不正当竞争防止法在第二条列举了不正当竞争行为的类型，除此之外，还规定了“禁止在商业上使用外国的国旗等”（第九条）和“禁止在商业上使用国际机构的徽章”（第十条）。

### 2.4.2.3 对不正当竞争行为的反制手段

受到不正当竞争行为的侵害时，本法规定可以依据不正当竞争防止法通过提出中止请求（第三条）、损害赔偿请求（第四条）、恢复信誉措施请求（第七条）等民事救助手段和刑事手段进行反制。

# 3 商流和法律

## 3.1 流通领域的政府规章制度

在日本流通领域（商流），至今存在相当数量的由政府制定的规章制度。

近年来，法制环境进一步宽松，例如对大规模零售店实施开店限制的大规模零售店铺法大幅度修订（计划废止）等。但是，诸如酒类销售、香烟销售、医药品等销售、大米流通、古物业务、LPG 销售等业务，虽然也努力进行了宽松环境的争取，但仍然受到政府规章制度的约束，这些业务在开始之前，必须要取得相关行政机构颁发的执照或许可证等。今后，随着环境宽松化的研讨和推进，必要的规章制度和不需要的规章制度的甄别可能还会持续进行。

不过，政府在此领域进行规章制度的规范，其目的是什么呢？以下，通过分类进行概述。

### 3.1.1　以确保消费者安全为目的的规章制度

很多商品中，如果弄错了其使用方法等会危及健康甚至生命，对此类商品的销售，有必要由专业的、具有足够技术知识的人士进行操作，且规定在安全设施齐备的场所进行销售。

因此，从确保安全这一目的出发，要禁止没有专业知识的销售主体进行销售或在不符合规定的设施场所进行销售，有必要对该类销售制定行业许可的规范。具体来说，这类法规有火药类管控法、毒物及剧烈物管控法、液化煤气安全保障和交易规范化相关法律、药事法、食品卫生法、干洗店行业法、旅游业法、农药管控法等。

### 3.1.2　以清理不法经营者为目的的规章制度

在经营中，有些行业容易出现损害消费者利益的不法经营者。为了杜绝此类危害，制定了以清理不法经营者为目的的规章制度。建筑物交易业法就是其中一例。

### 3.1.3 以防止犯罪为目的的规章制度

例如古物营业法，为了便于对与赃物有关的犯罪活动进行搜查，使警察能准确把握营业状态或在搜查上容易得到相关协助，进而制定了相关的规范。也就是说，存在以防止犯罪为目的的规章制度。

### 3.1.4 以确保财政收入为目的的规章制度

通过销售商品确保财政收入，需要规章制度对其经营进行规范，以保证销售场所和保持营业的稳定性等。例如，依据有关酒类销售的酒税法，对酒类零售店设立营业许可制度。

### 3.1.5 其他

旧粮食管理法是以确保国民的粮食为目的进行的营业规范。

除以上政府制定的规章制度外还有各种各样的制度，目前仍在讨论这些制度的社会必要性和恰当性。本章以大规模零售店铺法为主，探讨其制定背景、历史沿革和向新制度的转换过程。另外，对酒类、香烟销售等其他的流通规定也稍做概述。

## 3.2 大规模零售店铺法

### 3.2.1 零售业调整制度的发展

#### 3.2.1.1 百货店法的制定和废除

日本零售商业政策中影响最大的法律就是百货店法，最初的百货店法制定于1937年。当时处于第一次世界大战后经济的复苏时期，百货店也有着较快的发展。1923年关东大地震后由于百货店经营路线趋于民众化的影响，百货店与中小零售商店之间的竞争日趋激烈，中小零售商们还开展了反百货店的运动。

1933年日本各政党均提出了一系列的百货店法案，1937年7月法案经协商认定后经国会通过，于同年8月公布，10月实施。至此百货店在政府的认可范围内发展起了各种经销业务。

但是由于第二次世界大战后日本商品短缺，许多店铺被烧、被毁，商业活动处于极端的低迷状态，第二次世界大战前百货店与中小零售商店之间业务划分的调整已经基本没有必要，所以在1947年12月的第一次国会里，废除了原有的百货店法。

进入20世纪50年代后，日本经济逐渐复苏，商业活动再度活跃起来。随之百货店与中小零售商店之间的竞争越来越激烈，中小零售商提出要明确规范百货店的经营业务范畴。20世纪50年代中期，自关西的百货店开始在东京拓展业务后，百货店经营行为的规范问题已经由以往单纯的经济性问题上升为了政治性问题。

为此百货店法案于1956年2月经国会通过，同年5月公布，6月再次开始实施，法案中关于百货店的新店开发以及其营业时间和营业天数均有一定的规定限制。

#### 3.2.1.2　零售业调整特别措施法

1950年后期政府对百货店与中小零售商店之间的业务划分进行了调整，但是由于制造业、批发业等进入零售市场，以及消费生活协同组合、农业协同组合、购买会等组织的出现，使得零售业界问题复杂化。为了解决这些问题，日本政府于1959年4月向国会提交了《零售业调整特别措施法》，此法案经国会通过并于同年7月开始实施。

法案的主要内容是：①购买会企业的限制制度；②零售市场的认可制度；③包括制造业等企业进入零售

业界的申报制度；④关于争议的协商、调停、劝告条款等。此法的宗旨是“为了确保零售业的发展空间，清除影响零售业正常发展的障碍”（同法第1条），也就是说为了在与百货店、零售市场、购买会等的竞争中保护中小零售商制定的本法。

### 3.2.2　大规模零售店铺法的制定与发展

1960年起日本经济进入高速发展期，预示着大量生产、大量销售时代的到来。大量销售中诸如超市等各种新的业态零售商竞相出现，零售业界面临着新时代的革新浪潮。

超市是其中发展较迅猛的业态零售商。此时国外超市加快打入日本市场的步伐，感觉到危机的国内中小零售商错将超市业态等同于了百货店，强烈要求对超市的经营进行限制。百货店法中限制百货店的店铺经营总面积为1500m$^2$～3000m$^2$。为了免于法律限制，楼层总面积虽然有几千平方米的零售商铺，通过对各层分别以不同公司命名的方法来逃脱法律限制等的现象是层出不穷。

如此类似于百货店的商家的出现，引发了两个问题。第一，百货店法本意是限制像百货店这样的大规模零售业的经营业务范围，从而实现保护中小零售商店发展，但与百货店经营方式没有实质区别，同样对中小零售商的商业活动有较大影响的大型超市却不在限制范围内，这显然是不合理的。第二，对百货店来说经营方式相似，一方被限制而另一方完全不在限制之列，有损于法律的平等性。还有，零售业资本流动自由化环境下，中小零售商的经营压力不仅来自于内部，外部环境的压力也凸显出来。

由于以上的种种原因，要求对原百货店法进行修改的呼声越来越高，1971 年 12 月日本通产省的产业结构审议会中专门设置了零售问题委员会，加强了对零售业的管理意识。这个委员会 1972 年 8 月即提出了具体的百货店法修改提案，主要内容是：①明确法案要以保护流通现代化、消费者利益为出发点；②大规模零售店铺开设的新店铺超过基准面积时，需要提交申请，并制定了通产省具有下达劝告、处理命令的规定；③除了百货店以外，本法也覆盖了所有大规模零售业态经营形式的店铺；④仍然沿用原有的关于营业时间、休假日的规定。

接受了这些提案，《大规模零售店铺的零售业事业活动的相关法律》（也称为《大规模零售店铺法》或《大店法》）于 1973 年 9 月 14 日经国会审议通过，于 1974 年的 3 月 1 日开始实施。此大规模零售店铺法其实就是原百货店法的修改版，因此也被理解为百货店法废除后，代替原百货店法的法案。

### 3.2.3 大规模零售店铺法的规范内容，以及对其限制的放宽

#### 3.2.3.1 主要内容

大规模零售店铺法中明确了制定此法的目的，即“以保护消费者利益为前提，通过对大规模零售店铺中零售业企业业务的调整，保障其周边中小零售业的合理发展空间，达到中小零售业也能够有效发展的目的”（第一条）。实现此目的的途径是对处于竞争优势的大规模零售店铺的零售企业的业务发展进行规范。

大规模零售店铺法制定后，经过了多次修改。和制定初期的法律内容相比，规范的对象由原有的大规模店铺，发展为“作为一个整体建筑，建筑面积总计大于 1500$m^2$（十大都市店铺的要求；政令指定都市店铺的标准是 3000$m^2$）的店铺”（第三条）。由此可以看出以“企业主义”为中心的百货店法向以“建筑规模主义”为中

心转变。

现行的大规模零售店铺法中将店铺面积划分成超过 3000m$^2$ 的第一种大规模零售店铺和超过 500m$^2$ 但低于 3000m$^2$ 的第二种大规模零售店铺两种形式。

对于要开设大规模零售店铺的商户一是必须要在显著位置进行公示；二是必须向通产省提出申请，通产省大臣必须将此内容以官方报道的形式进行公示（第三条“三项申请”）。

关于大规模零售店新增店铺的规范，原有的大规模零售店铺法的第四条至第八条中有如下内容。

（1）大规模零售店铺在公示后的六个月内不得新增设店铺（第四条）。

（2）零售业主如果要进入大规模零售店铺经营市场，必须在开店前四个月内提交关于开店日期、店铺面积等的申请（第五条）。要增加经营店铺面积的手续也同开设新店铺一样（第六条）。

（3）通产省大臣需对提交上来的申请进行以下的审查：

一是该大规模零售业的经营是否会对周边的中小零售业者造成较大影响。

二是若审查结果是有较大影响，需要在听取大规模零售店铺审议会意见的基础上，自受理日起三个月内劝告其延长开店日期或缩小经营面积。

大店审查组织分为总会、地方通产局设置的审议会以及都道府县设立的审查会三级。总会是委托下级的审议会进行调查、审议的，而下两级的审议会是具体的管理审办机构。

审议会的组成分为审议会委员、意见听取方（消费者、零售商、有一定知识或者是经验的人，人数为3～5名，平分在上述三类中）以及观察员（事务局、都道府县、市町村以及工商会议等的工作人员）。

三是在劝告无效时，自受理申请日算起四个月内强行执行命令。

大规模零售店铺审议会还需要随时审议来自地方工商会所或商工会设立的商业活动调整协议会（由商调协、地方商人、消费者组成）建议。

第九条是关于营业终止时间以及休息日期调整的内容。1994年修正后的规定是营业终止时间为晚上8点之前、休息日期定为年24天以上的不需再向通产省提交申请。

#### 3.2.3.2 实施过程中的问题

如前所述，大规模零售店铺法是为了保护消费者、保障中小零售业的平稳发展制定的。但由于该法在实施过程中暴露出的种种问题，引起了全国范围内的争议，最终不得不终止了该法。

总结实施过程中的问题，特别是针对在大型店铺出店中引起的各种矛盾，草野厚教授从政治博弈论的视点，将其归纳成9类（草野厚《大店法经济规制的构造》）：

（1）日美间的博弈……在1989年9月召开的日美框架协议中，美国就日本大店法的修改提出了要求，日方同意对其进行修改。

（2）开设新店时大型店与中小型零售店之间的博弈。

（3）新开设的大型店与既存大型店之间的博弈。

（4）大型店的出店会改变购物人流的流向，由此受惠的商店街与营业受到影响的商店街之间的博弈。

（5）开设新店的大型店铺之间的博弈。

（6）中央与地方之间的博弈，造成通产省与地方工商会所之间意见的分歧。

(7) 通产省与自治省之间的博弈。

(8) 通产省内产业政策局与中小零售商之间的博弈。

(9) 政党之间的分歧。

如上所述的种种分歧、矛盾的出现，都表明大规模零售店铺法所依存的日本流通政策的不完善。该法曾做过多次的修改，但社会呼吁出台新的法律制度替代该法。

#### 3.2.3.3 从大店法开始的政策变化

1997年12月24日日本通产省以产业结构审议会与中小企业政策审议会流通小委员会共同举办的会议的中间议题形式，将关于新型小零售业发展方向（包括修改大店法）的政策审议结果公布于世。

会议讨论了影响日本流通业、零售业的环境因素，将其总结为需求结构的变化、供给结构的变化、社会环境的变化、行政改革、国际社会的关注度增加等几个方面。为了适应新环境的变化，会议重申了中小零售业、商店街等的重要作用，并从消费者角度提出了今后要立足于促进需求的多样化、高质量以及与地域社会发展有效结合的发展方向。

关于大型店铺管理政策改革的必要性，提出了以下内容。

（1）现行大店法，从其目的、方法的构成方面看，没能很好地适应近期出现的社会方面的需求。

（2）关于大型店新店的开设，从交通、环境考虑，以确保有计划地开发和整合地域经济为出发点，大型店的出店一定要与地域社会的发展相融合，要重视其是否有利于零售业的健全发展。

（3）考虑到现有政策实施的成本与收效，现行大店法已很难再维持下去。

考虑到以上问题，会议制定了“关于大型店管理的政策要与地域规划、交通、环境等的变化相适应”的方向。

与大型店相关的政策包括：ⅰ.针对都市建设系统规划要灵活、有目标地进行修改。ⅱ.《大规模零售店铺选址法》的制定，体现了其向“有实效性政策”方向的转变。

1998年2月针对ⅰ、ⅱ内容，分别制定出了《关于中心市街地设备的改善以及推进灵活商业化的法律》和

《大规模零售店铺开店选址法》两部法律政策。这两部法律和《都市规划修改法》成为了今后日本商业政策的核心性法律制度。

### 3.2.4　大规模零售店铺的新三法

#### 3.2.4.1　大规模零售店铺立地（地区选定）法

1. 制定宗旨

建立本法的目的是为了协调大型店与当地社会之间的关系，促使大型店积极为地方建设作贡献。

关于制定本法的原因，第 142 回国会的法案资料有如下记载：

首先，制定本法的原因是因为零售业市场环境的快速变化与发展。这种变化既有消费者生活方式的改变，还有供给方业态的变化。因此，以往单靠规模发展已经不再具有竞争优势，而信息化、商业集约结构的调整等成为更加重要的考察指标。能否更好地吸引周边顾客，且与地域的融合程度已成为地域依赖程度较强的零售业能否持续发展的关键。另外由大规模零售店铺的开设所引起的诸如交通堵塞、噪声等社会问题，已逐渐引起社会的重视。

为了保护周边地域生活环境不受破坏，大规模零售店铺的经营者要在保护环境的基础上再考虑拓展经营范围，由此日本都道府县制定了反映保护地域环境意见的方式，疏通了反映渠道。

本法在审查项目中去掉了大规模零售店铺法中关于店铺面积、闭店时间、休业日期等方面的限制。放宽政策能否有效关键还要看今后的实施情况。

2. 主要内容

制定该法的目的是“为了保护周边地域环境，在大规模零售店铺选址扩店过程中，经营者必须在选址、经营方法等方面认真考虑周边的环境保护问题。最终实现零售业的健康发展”（第一条）。

具体的标准面积在政令中有相应规定，各都道府县可以根据此规定做一定的修改（第三条）。通产省大臣公布了大规模零售店铺开设时需要注意的事项（第四条）：①大规模零售店铺在开店时需要注意的基本事项；②大规模零售店的设施配置以及运营方法的相关事项，其中涉及停车场的车位等对周边居民以及在商业业务等方面带来的不便问题，还有为了不影响周边居民生活环境的关于噪声等方面的规定事项。

关于大规模零售店铺新开店的申请，第五条做了相应的规定。第六条是关于变更申请的内容。还有开店申请人，自递交申请日起 2 个月内，必须要在店铺开设所在地的市、町、村内举办说明会（第七条）。

收到申请的都道府县，从保护地域生活环境方面要听取市、町、村的意见（第八条）。不能较好接受地区意见，对周边生活环境产生恶劣影响的，都道府县要督促其采取必要的改善措施（第九条）。

大规模零售店立地法全文共 21 条，具体的实施方法由政令、实施指南或都道府县的条例进行补充。

#### 3.2.4.2　市街地活性化法（关于推进中心市街地的设备改善以及商业等的活性化的法律）

1. 制定宗旨

全国都市中心街范围急剧缩小，已经进入了要采取紧急措施阻止此发展趋势的预警期。家庭用车的普及、土地的非效率化开发、中心商店街经营本身的问题等，造成了中心市街地区经营的空洞化现象越来越明显。为了再次振兴中心市街地区经济，在鼓励地域进行创新的同时，提议并制定了进一步推进市街地区设施改善以及商业活性化的市街地活性化法。本法是由通产省、建设省、自治省、农林水产省、运输省、邮政省共同提议制定的。

2. 主要内容

本法中定义的中心市街地区要符合以下条件（第二条）。

（1）在该市街地区有一定数量的零售业者，都市功能相对集中，发挥着该市町村中心商业区的作用。

（2）从土地的利用、商业活动的现状看，出现或有可能出现都市功能衰退、经济活力萎缩的。

（3）该市街地区设备的完善以及商业的活性化，可以有效促进市町村以及周边地域的发展。

主务大臣曾就此表示“此法明确了关于推进中心市街地区的设备改善以及商业活性化的基本方针”（第五条），在此方针的基础上制订了基本规划（第六条）。

相关行政机构围绕这个基本方针，制定出了促进其活性化发展的政策体系，具体内容如下：

（1）推进市街地的管理、改善（建设省）

ⅰ. 为了确保公益设施的用地，制定了土地区划整理的特例制度。

ⅱ. 关于设立路外停车场的都市交通占有特例。

ⅲ. 补充了都市开发资金借贷制度（对再开发项目的低利息融资的支持）。

ⅳ. 指定了地方街道规划治理的社区（中心市街区管理推进机构）。

ⅴ. 关于地区振兴整备公团的业务的特例（关于地区区划管理事业的事实机能、设备完善等）和都市规划事业的推进。

（2）商业、都市型新事业的活性化（通产省）

ⅰ. 采用无息融资等支持完善设施。

ⅱ. 对地域振兴整备公团关于设施完善的出资等。

ⅲ. 产业园区建立基金的债务保证、利息的补给。

ⅳ. 中小企业信用度保险的特例。

ⅴ. 课税特例。

（3）其他内容

ⅰ. 不同情况下的地方自治体给予地方税减收的补给。

ⅱ. 地方债的照顾（自治省）。

ⅲ. 促进食品商业完善基本设备（农水省）。

ⅳ. 保证旅客、货物运输业顺利发展的认可手续方面的特例（运输省）。

ⅴ. 促进电气通信业完善基本设施（邮政省）。

立地法具有 2 年的实施预备期，但是在紧急情况下，可以尽可能快地实施。

#### 3.2.4.3 都市计划法的改正

都市计划法是以“通过对都市规划内容以及其他的决定手续、都市规划政策、都市规划事业及其他相关事项等方面的管理，推进都市健全、有秩序地发展，进而实现国家的均衡发展”为目的，于 1968 年 6 月出台的。

起初都市计划法的规范范围分为适用地区和特殊适用地区两类，后来为了便于地方更加有针对性制订符合地方发展特点的商业区规划，使其更加有效地管理大型店的开发，才将特殊适用地区的指定由国家下放到了市町村。

## 3.3 烟、酒以及其他商品的流通规定

### 3.3.1 酒类零售贩卖的规定

1953 年颁布的《酒税法》将日本的酒类流通业分为

了三种业态，又根据《酒类贩卖业许可证等的取得要领》（1989 年）将酒类批发业和酒类零售业区分开来。

关于酒类的贩卖许可证，也分为了酒类零售业许可证（细分为一般酒类零售许可、大型店酒类零售许可、特殊酒类零售许可）和酒类批发许可证。

一般酒类零售的许可条件主要是“人的要求”和“场所的要求”。后者除了团地等特定地区外，申请的贩卖场所必须要和既有的店铺保持一定的距离。比如，对于东京或是人口在 30 万人以上的都市，原则上讲申请的贩卖场所必须与既存的零售店相距 100 米以上才被许可。而且许可赋予的对象地区是根据人口、经过特定的计算方式算出的许可店数加以限制的。

进行这样的许可限制目的是为了保证酒税收取、防止青少年饮酒等，但是这些限制在逐渐地放宽。

### 3.3.2 烟草零售贩卖规定

1984 年的《烟草事业法》对烟草的贩卖进行了规定。此法分别对特定贩卖业、批发业、零售业进行了不同的参入限定。

例如，零售贩卖需要经过大藏省大臣的许可。被许可的条件主要包括申请人的资格；距离标准，即预定的营业场所和最近的既存点必须在 25 ~ 300 米的范围外；还有关于贩卖标准的规定，即在规定区域内每月购买不足 4 万 ~ 15 万根烟草的，不给予许可。

1985 年专卖改革时，为了避免给小本经营者居多的烟草零售界带来过大影响，特制定了如上的许可制度，并从放宽限制的角度就价格制度等方面对原政策进行大范围的修改。

烟草零售规定本是为了确保税收以及防止未成年人抽烟的社会管理等而制定的，但是随着自动烟草贩卖机的出现，未成年人吸烟行为管制方面出现的漏洞已经显现出来。

### 3.3.3　米的流通规定

米的流通一直以来是由政府一元化管理的，1942 年制定了《粮食管理法》，1995 年实施的《关于主要粮食的供需以及价格的安定的法律》（又名《新粮食法》）将市场竞争原理的机制逐渐引入米的流通中。

《新粮食法》是政府在确保米的计划流通的基础上，除了在米的储备运营、极小发送运输等方面进行管理外，以自主流通为主要流通方式的法律制度。针对计划米（也称政府米），仍然有各种各样的限制；不属于计划流通米的部分将采用政府不再加以流通限制的自由流通方式。

《新粮食法》中关于米的价格，明确规定了要由"自主流通米价格形成中心"通过投标体制形成。此规定是由农林水产省大臣制定，具体的业务规章由农林水产大臣认可所形成的。关于政府米，政府的买入价以及卖出价格的标准也是由农林水产大臣决定，其中政府买入价是根据自主流通米的价格以及对价格变动的预测、生产成本等为参考因素设定的。

# 4 物流及其相关法律法规

## 4.1 物流相关法规概要

物流是具有运输、仓储、包装、流通加工等功能的综合体，是经济活动的动脉，是国民生活不可缺少的一部分。所以，物流方面的法律法规呈现出范围广泛、多样化的特征。平成9年4月，由14个与物流相关省厅共同策划，最后由内阁决定的《综合物流政策大纲》的讨论过程中，各省厅意见不统一，这说明关于物流的相关法规还没有形成一个统一的思想和政策。

物流各功能中最重要的是货物运送功能，目前，由于政策限制的逐步放宽，各运输机构均实施着各自的法规。具体来说，公路货物运输实施《货物自动车运输事业法》《道路交通法》；铁路货物运输实施《铁路事业法》《铁路营业法》；海上货物运输实施《海上运送法》《内行海运业法》；港湾货物运输实施《港湾运输事业法》《港湾劳动法》；航空货物运输实施《航空法》。

此外，还有与货物流通设施相关的《仓库作业法》《自动车转运点法》等法规；与劳动、安全以及公害相关的《劳动基准法》《劳动安全卫生法》等法规；与物流相关的《中小企业物流业务效率法》《关于街道、市街整顿的法规》等法规。今后《禁止独占法》将会成为与物流关联较多的法规之一。

与欧美国家法律相比，日本在关于运输和物流相关的法律法规方面，无论是改进，还是放宽法律限制等方面都走在前面，今后在放宽限制方面还会有更大的发展空间。

物流相关法律的主要内容是关于参加、运费等经济方面的内容，另外还有劳动、安全、技术等与社会问题相关联的内容。由于篇幅影响，这里只就经济方面的内容做相关解说。

## 4.2 路上货物运输相关法律

### 4.2.1 铁路运输相关法律内容

铁路货物运输的相关法律，自 1987 年国铁分割、铁路民营化的实现，原《日本国有铁道法》被废，并随着日本货物铁道株式会社的成立，其内容发生了很大变化。

国铁改革后，仅 1986 年就出台了七个改革法律。即：《日本国有铁道改革法》《关于旅客铁道株式会社以及日本货物铁路株式会社的法律》《新干线铁道所有机构法》《日本国有铁道清算事业团法》《关于促进日本国有铁道退休职员以及国有铁道清算事业团职员再就职的特别措施法》《铁道事业法》《日本国有铁道改革法》等。

其中《日本国有铁道改革法》中规定："鉴于日本国有铁道所属的铁道事业及其他业务经营不善，现今实行的全国一元化公共企业体制难以维持其适当、健全经营的情况……关于日本国有铁道经营形式必须进行大改革的基本事项"（第一条）。同法第八条中规定："成立日本货物铁道株式会社，负责经营、管理铁道货物运输事务，并承接了原国有铁道的所有货物运输事务。"法律的第一条第二项，关于旅客铁道株式会社和日本货物铁道株式会社的规定内容是："日本货物铁道株式会社是以经营铁路货物事务及其附带事务为目的而成立的机构"。

民营化后的日本货物铁道株式会社以《铁道事业法》及《铁道营业法》为基准开展业务。

于1986年制定，1987年4月1日起实施的《铁道事业法》中规定：“铁道事业分为第一、第二、第三三种(第二条)。”第一种铁道事业指“满足旅客或货物运输所需的铁道事业，也称为第二种事业以外的业务”；第二种指“应对所需，通过对自己所有铁道以外的铁道的使用，进行旅客或货物运输的事业”；第三种指“为了保证第一种事业经营者的铁道使用，使用专门辅助第二种事业的铁道的业务”。另外铁道法第三条中将铁道经营者归为铁道运输事业经营者。

《事业许可制》第三条规定，参与铁道事业必须通过运输大臣的许可；《运费认可制》第16条规定，关于运费、收费标准等必须要经过运输大臣的认可。

于1900年制定的《铁道营业法》的主要内容是关于铁道事业与使用者之间订立契约方面的规定，也被称为铁道运输服务契约使用条例。其中第6~8条是关于接收货物的责任，第10~14条是关于损害赔偿及时效方面的内容。

于1949年制定的《通运事业法》将关于铁道运输的两端业务包括货物的代办、受领、托送、集装配送、装载、卸运等运输相关业务进行了规范，但此法在平成2

年废止，被《货物运输操作法》中《铁道使用运输事业法》所替代。

### 4.2.2 货车运输相关法律内容

目前，日本一半以上的国内货物运输量是由货车承担的，货车已经成为货物运输的最重要方式，同时有许多与货车运输相关的政策。这里我们通过对《卡车规制法》发展历程的回忆来分析目前《货物汽车运输事业法》的相关内容。

#### 4.2.2.1 货车运输事业规制法的发展

1. 原始道路运输法（1947—1951 年）

第二次世界大战前，与汽车运输业务和汽车道路相关的法律是《汽车交通事业法》（1931 年制定，1933 年实施），与汽车交通管理相关的《汽车管理令》（1919 年制定）。第二次世界大战后的 1947 年 12 月 31 日，这些法规被废除。1948 年 1 月 1 日，实施了新的道路运输法（也称为：原始道路运输法）。

原始道路运输法基本是当时的占领国美国于 1935 年实施的州与州之间汽车运输业务的规范法，即《汽车运输事业法》（*Motor Carrier Act of* 1935）的翻译版。这是因为战败后的日本在社会、经济极度混乱中，无法独立制定法律所造成的。作为美国占领政策（经济民主化政策）的一部分，货物运输政策的制定、实施，预示着今后40多年，《道路运输法》中汽车事业规制的开始。

当时的日本拥有75000台货车，营业用车辆的供给能力极弱，使用家庭汽车参与营业等现象普遍存在。运输省为了提高货物的运输力，于1948年9月制定了《货物汽车剩余运输力活用方法》，向运输事业者们推荐了可以灵活运用返回途中的家庭汽车来运输货物的方法。虽然该政策的结果并不成功，但可以由此看出当时日本运输力量的薄弱。

2. 道路运输法（1951—1990年）

原始道路运输法被废除后，1951年，制定并实施了替代性的道路运输法。此法也是在美国经验的基础上制定的，是符合当时日本经济状况的法律内容，包括运费手续费的许可制、一般道路货车运输事业以及一般区域货车运输事业的许可制、特定货车运输事业的许可制。此后的35年内，日本汽车运输事业法规中的许可制度都是基于此形成的。

其中，汽车货物运输事业，以人为调整需求为中心，制定了严格的参入规制许可制度。一般情况下，引入事业许可制度，是在本事业中具有一定公共性的基础上，排除不适合的参入者，通过限制参入人数，人为地调整市场关于运输服务的需求。在货车运输事业中引入许可制度的目的，一是为了确保安全；二是对基本无利润服务项目的保护；三是对运输服务安定性的保证。

制定本法后不久，由于要求参入火车运输业务的呼声越来越高，此法规放宽了限制，造成参入者数量的急剧增加。1952 年 8 月，谋求放宽限制的私人营业者组成了“希望废除货车业统治同盟”，而原参与者坚持认证许可制、要求规范火车运输秩序的运动也是此起彼伏，两者之间的冲突日渐激烈。两者的观点于 1952 年 12 月被提交到众议院运输委员会，以是维持认证许可制还是进行改革为议题进行了讨论。议题的结果是形式上制度没有改动，但实质上参入的规则有大幅度放宽的运行方式。

1963 年行政管理厅向运输省提出了题为《关于路线内货车运输事业之外的货车运输事业认证与许可的制度》的建议书，到了 1964 年作为临时行政调查会的会议审议内容，就关于废除路线外货物运输事业的认证许可制度进行了讨论。

1965 年后，铁道货物运输走向衰落，货车运输地位愈加重要。针对这些新现象，运输省汽车局于 1970 年 6 月 15 日提出了题为《关于货物汽车运输事业的认证及许可申请等的处理》的通知，其中关于路线内业务，通过“为了防止过度竞争以及双重投资的发生，重新审查认证申请地的供需关系现状”对新的参入者进行了限制；关于一般区域货车运输事业以及一般小型货车运输业务，“现阶段不再实施限制新的参入者的认证制度，尽量引入市场竞争原理，提高参入者提供的服务质量”，放宽了参入限制。

这个通知在对国内货物运输中铁道运输的衰退与货车运输的崛起的认识上，为货车运输成为国内物流主力运输方式的形成奠定了基础。也就是说，政策的调整方向已经由为了确保货物运输力转向如何调整运输力供给过剩的问题上。

为了应对物流市场的变化，运输省于 1971 年在运输政策省议会的答辩中提出《关于综合交通体系的报告》，此报告提出，物流新体系的构建要以是否能满足产业需求为中心，形成高效率化的物流体系，“物流产业要从追随需要型转向开发需求型”，“使用者的需求”应该成为物流政策的核心问题。

该时期也是自运输行政开始，政府的各种规限政策进行改革的时期。1928 年提出的第二临调报告中提出物流政策必须要进行大的调整，而且国铁的分割、民营化等也都对物流政策产生了较大的影响。

3. 物流二法（1990 年至今）

第二次世界大战后，1940 年后期由运输省颁布实施的《卡车事业规制政策》随着昭和时代的结束而终止，进入 20 世纪 90 年代后，《货物汽车运输事业法》以及《货物运输操作法》成为了“物流二法”。

在 1989 年 2 月 14 日的内阁会议上，针对“物流二法”作了报告，3 月 28 日经内阁会议通过，于 3 月 30 日提交至国会。由于政局的剧变以及关于“物流二法”的支持与反对的辩论比较激烈，1989 年 12 月中旬才终于取得了国会的通过，1990 年 12 月 1 日开始实施。

“物流二法”常常被人理解为是关于限制放宽的法律，其实更应该将其理解为“限制的修改”。也可以理解为运输省常年实施《道路运输法》以及与其相关的法律后，造成法规的主张、原则与物流市场的现状之间的偏离越来越明显。为了调整偏离，制定出符合市场现状的法规，出台了“物流二法”。

“物流二法”是以“放宽经济政策方面的限制，强化社会政策方面的规制”为理念判定的。可以肯定的是本法通过引入竞争原理确定了新时代政策的基本原则。

#### 4.2.2.2 货物汽车运输事业法

1. 制定的背景

随着时代的变迁，20 世纪 40 年代后半期制定的道路运输法中对卡车运输企业的限制政策的局限性逐渐凸显出来。本法为了保证运输服务的供给，通过企业的认证制与运费的认可制，人为地对市场进行管理限制。但是目前货物运输市场企业数量猛增（包括用自驾卡车运营的货物运输），他们之间展开的价格竞争，使当初设定的限制的有效性遭到质疑。进入 20 世纪 80 年代后，第二临调行政改革的问题被社会重视，世界经济大环境也为日本规限行政的改革起到了促进作用。

在这样的背景下，20 世纪 80 年代后半期开始着手对道路运输法的卡车企业的限制政策进行修改。其实道路运输法从制定起已经历了不少次的修改，但就法律本身有无存在价值的讨论还是从此次开始的。

关于放宽对卡车运输企业的限制已不是一个新议题，

但是以修改法律为基点就其进行辩论，还是第一次。

放宽限制会激发市场竞争，如此一来期待成本降低、服务提高的运输服务的需求方同担心由此给原本的货运市场带来混乱的原有企业，以及原已处于过劳驾驶等艰苦劳动条件下，为由此会造成劳动条件的更加恶化而担心的劳动者之间展开了激烈地争论。这些争议的焦点在后来制定的法律中都有体现，这也成为了“物流二法”的特色之一。

如前所述，替代《道路运输法》的《卡车企业法》中的《货物汽车运输事业法》是于 1989 年 12 月 14 日制定，1990 年 12 月 1 日开始实施的。

2. 主要内容

（1）目的

《货物汽车事业法》的第一条明确了制定本法的目的，即“为了货物汽车运输企业能够正确、合理地进行运营……在民间团体自发倡议的推动下，实现货物汽车运输企业的健全发展”。

货物流通局长在通知中也强调制定本法的宗旨是“随着市场需求高度化、多样化的发展，灵活运用民间企业的创新思路，为了企业的迅速与健康发展，对原法进行修改。目的包括手续的简化、防止过劳驾驶、超载等影响运输安全事件的发生等，在民间团体的倡议与推动下，制定出有效的措施”。

（2）企业的分类

《货物汽车运输业务法》第二条规定了企业的分类，即：一般货物汽车运输企业；特定货物汽车运输企业；货物轻型汽车运输企业，共三种，如图4－1所示。

ⅰ. 一般货物汽车运输企业

指“根据客户的需求使用汽车（三轮以上的轻型汽车及两轮的汽车除外）有偿提供货物运输服务的企业，特定货物汽车运输业务除外”（第二条第二款）。

该类企业实施了旧《道路运输法》时定义的“路线企业”和“区域企业”一体化运营，以一般货物汽车运输事业为中心，并包含了特殊货物拼装运输事业。也就是，从广义上说，一般货物汽车运输业务包含了“路线企业”和“区域企业”，从狭义上说，一般货物汽车运输企业只包含“区域企业”。但是，一般货物汽车运输企业常指其狭义说法。

狭义的一般货物汽车运输企业（特殊货物拼装

运输除外）是为多个不定的客户服务的运输企业，可以以专用车厢或多种拼装的任何一种形式进行服务。现在的大型客车服务商大多是从事一般货物汽车运输的企业，在实际中为特定客户提供专用车辆运输，不使用公共的物流节点，直接到企业集货，直接配送到指定地点，目前这种服务十分多见。

另外，特别货物拼装运输还要依照“一般货物汽车运输业务在物流营业所或其他物流节点实行货物分拣，集货后再拼装运输到其他物流节点，在新的物流节点根据再次配送的需求进行再次分拣，这种在物流节点之间运输与分拣的业务是定期完成的”（第二条第六款）。

比较典型的案例是“宅配便”企业，面向多数不定的一般消费者配送小型货物，使用自有的物流节点在全国范围内开展物流业务。

ⅱ. 特定货物汽车运输企业

指“面向特殊需求客户使用汽车运输手段提供有偿货物运输服务的企业”（第二条第三款）。这种企业指代替特定的货主经营物流运输企业，例如家电厂商或石油制品公司等的商品运输。多数情况会在大型客车上涂有厂商或货主企业的商标、广告等。

ⅲ. 货物轻型汽车运输企业

指“根据客户的需求使用汽车（只限三轮以上汽车和两轮汽车）提供有偿运输服务的企业”（第二条第四款）。该项事业的代表性案例是“小红帽”，即使用轻型汽车运输的个体营业者以合同制方式运营或使用摩托车的个体营业者运营的“摩托车配送”。

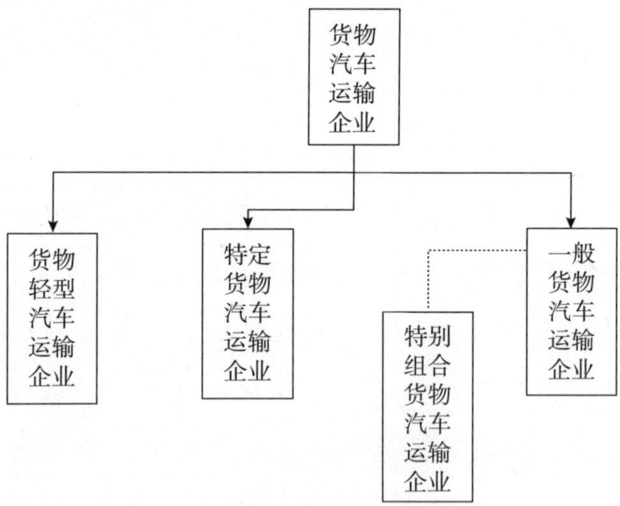


**图4－1　大型卡车运输企业的种类**

（3）参入规制

《货物汽车运输事业法》对新加入运营的一般货物汽车运输企业和特定货物汽车运输企业实行许可申请制，对货物轻型汽车运输企业实行登记注册制。

ⅰ. 一般货物汽车运输企业许可申请及资质

运营一般货物汽车运输企业最初“必须获得运输部部长的许可”（第三条）。但是，一部分地方运输局局长也有该许可的批准权，所以一般货物汽车运输企业许可申请书可以通过陆地运输分局提交到运输部部长或地方运输分局局长处。

申请许可书中需要填写以下信息（第四条）。

①法人代表的姓名和住址；②经营区域、经营事务所名称和位置、用于运输事业的汽车的详细情况，说明特殊拼装运输的类别，以及各项事业的详细说明。这些内容都要向各个运输局长提出许可申请，并接受检查。

A. 营业区域

营业区域要表示出汽车运输企业可营业的地理范围，基本上，事业所所在地的陆地运输支局的管辖范围都可视为可营业的地理范围。首都圈、大阪圈等扩大型营业范围也在可营业的地理范围内，但是其他区域近年来也在不断扩大自身的业务经营范围。

B. 事业所的名称和住址

事业所指为进行主要业务活动提供的特定场所，具体来说，事业所要具有设立在经营区域范围之内，客户可以自由出入，企业有事业所的自主使用权等最基本的特性。

C. 车辆数

要经营汽车运输事业需要保有一定数量的车辆。目前在日本并没有一个统一的标准，根据各个区域运输局的规定，车辆数量在 15 ~ 5 辆不等。从降低事业准入门槛的角度看，全国统一标准应定在 5 辆车以上为宜。

D. 事业用车的车况及构造

在原则上新车不得超过法定使用年限（小型车为 3 年、普通车为 4 年）。

E. 车库的位置以及库容量

近年来，违法停车使交通混乱的情况激增，这受到了社会多方关注，因此拥有自有车库也被规定为一项义务。

F. 驾驶员的休息场所

从安全驾驶管理的角度来说，企业要确保车辆驾驶员以及车辆运输辅助人员的休息场所或睡眠场所位于合理的地理位置并且环境适合休息。多名员工同时休息时，至少要达到每人的睡眠空间不少于2.5平方米。

G. 管理体制

在管理体制方面，委任经营管理者或分配工作时间等都需要符合“二九告示”和“三一通告”的规定。在危险品的运输过程中，监管人员需要通过危险品物流资格考试（包括消防法在内）持证上岗。

H. 资金管理

要拥有开展事业的必要资金，并且贷款要在全部资本金的50%以下。

I. 收支预测

以开业一年后的收支情况为结算对象，并符合设定计算的标准。

J. 法令测试

汽车运输企业的申请者或法人代表必须要具备必要的法律知识。

K. 赔偿能力

汽车运输企业需要具有一定的事故赔偿能力，并且要求加入汽车损害赔偿责任保险。

L. 是否支持特殊拼装运输服务

另外，向运输部部长提交申请许可时还需要满足以下特殊要求（必须要满足以下的内容，第六条）。第一，确保运输安全。事业规划要防止疲劳驾驶等危害运输安全的条例。第二，适当的事业规划。在满足第一条的基础上还要有合理的事业规划。第三，事业的执行力。要具有自主执行事业规划的能力。

ⅱ. 特殊拼装货物运输企业的许可申请及许可标准

特殊拼装货物运输企业的许可标准除了要满足一般货物运输企业许可标准外，还需要满足以下基本事项。（第四条第二款）

M. 特殊拼装货物运输企业的事务所及货物保存处的名称和住址

N. 特殊拼装货物运输企业的事务所及货物保存处的装卸货物能力

该设施不仅要求拥有货物的装卸能力，还要求具有分拣、货物暂时保管的能力。

O. 各事务所分配到的运输事业用车中，与特殊拼装货物运输事业相关的运输系统的配置细节与车辆数量

P. 运输系统

Q. 运输系统的最大运行周期与最小运行周期

运输用车至少要满足 1 日 1 车次的运输频率，但需求较少的离岛和村庄可以不满足该条。

此外，在满足特殊要求 1 ~ 3 条的内容同时，还要具有“能满足特殊拼装货物运输的安全性与计划性的合理的执行能力”（第六条第四款）。

ⅲ. 特定货物运输企业许可申请

在最初加入特定货物运输事业时，需要获得运输部部长的许可。

在该许可中必须要有该项事业客户的名称等基本信息，还要有与该项事业客户 2 年以上的运输合同。此外还要满足一般货物运输企业申请事项中 A 到 L 事项中除去 H、I 与 L 事项的其他事项要求，并接受事业许可的审查。另外，需要添加特定货物的货主信息情况时，需要按照以上要求重新填写特定货物运输企业许可申请书。

ⅳ. 轻型汽车运输企业备案信息

在最初加入三轮以上汽车或两轮汽车货物运输事业时，需要到运输部部长处备案。

在确认符合以下事项的情况下，给予企业开业备案处理。

A. 营业区域

B. 业务所地址

C. 汽车车库

D. 休息场所

E. 运费的金额、种类与收取标准

F. 运输的条款

G. 轻型汽车的车况

（4）紧急调整措施

在本法案设立初期，曾围绕本法案的内容进行过激烈的讨论。主要反对意见是降低行业准入标准所引起的非运输企业进入本行业的情况激增问题，以及运输用车制度从许可制修改为备案制度所引起的运输市场的混乱问题。如果在某特定地区内的从业企业数量激增，会引起汽车运输事业的经营困难，就必须在该地区内保护已有从业企业，即紧急调整措施。

根据《货物汽车运输事业法》第七条，在特定地区内，一般货物汽车运输企业能提供的运输能力与该地区运输需求相比出现明显过剩的情况下，如果该地区的运输供给继续增加，运输部部长可视该地区为货物汽车运输行业准入困难地区，该地区在一定时期内被列入紧急调整措施的对象地区（第七条第一款）。

这里所说的运输能力与该地区运输需求相比明显过剩是指该地区各从业企业的实际车辆使用率（实际参与运输的车辆 ÷ 实际保有运输汽车的总量 ×100%）、实际车辆运行率（实际运行千米数 ÷ 车辆运行总千米数 × 100%）以及车辆运输中平均运载吨数等指标与过去一段时期相比出现明显降低的情况。

在被运输部部长设定为紧急调整措施的对象地区后，一年之内都不允许其他企业进入该行业经营。

（5）运费和价格制定

旧《道路运输法》时期实行的运费与价格制定许可制在《货物汽车运输事业法》中变更为事先备案制，即要向运输部部长提出备案（第十一条）。如果运费和价格制定发生变化时，也要遵守事先备案制。

在旧《道路运输法》时期，运费和价格制定的许可额度与实际市场价格有很大的差别。《货物汽车运输事业法》是本着降低行业准入、活跃市场竞争的宗旨而制定的，因此在运费和价格制定上也要遵守行政干预最小化的原则。从业企业根据自身的经营战略，可以灵活地制定价格和运费。

但根据第十一条第二款的规定，对于运费和价格制定，在满足以下三条中任何一条的情况下，运输部部长可以命令其修改运费和价格。

第一，在正常运输成本中增加了过多附加运费（第十一条第二款第一号）。这种情况是为防止货物汽车运输企业获取高额暴利。

第二，对于个别货主施行不正当的运费收取标准（同条同款第二号）。这种情况是为防止只针对个别货主企业施行过低的收费标准。

第三，与其他一般货物汽车运输企业发生不正当竞争时（同条同款第三号）。这种情况是为防止与其他同行企业在不正当竞争时，实行明显低于成本价的收费标准。

（6）货物汽车运输正当化业务

《货物汽车运输事业法》是在以往大卡车货运业务制度的基础上本着“放宽经济制度、强化社会制度”的原则制定的。放宽经济制度主要体现在准入标准由原来较为严格的经营执照制度变为宽松的许可申请制度，运费和价格制定由原来的规定制度变为事先备案制度等。另外，强化社会制度体现在运输安全的规定（第六十四条），实施运输管理者资格考试（第十八条、第十九条），及后面要说明的货主劝告说明（第六十四条）和货物汽车运输正当化事业。

在货物企业运输事业中经常会发生驾驶员疲劳驾驶、超载等危害运输安全的违法行为。因此，制定本法的一大宗旨是使从业者尽最大努力自觉避免以上违法行为，依此原则设置货物汽车运输业监督机构，可以随时对从业者进行监督和指导。

货物汽车运输业监督机构可以在地方（第三十八条）和中央（第四十三条）两方面同时设置并由运输部部长指定，全日本卡车运输协会和地方支部就属于此种机构。

地方支部的业务内容主要记载在第三十九条中，即：①防止运输安全事故发生，指导从业者遵守法规法令；②防止无证经营等违法行为；③维护卡车运输业的秩序，进行公益广告宣传；④受理卡车运输经营企业和货主的投诉；⑤为确保运输安全，向卡车运输企业宣传政府政策与法规，并协助各项措施执行。（详见表4-1）

随着该项措施的执行，在全国各地任命正当化事业机构负责人，截至1997年4月，全国共268人通过了资格考试，正式成为运输正当化事业机构的负责人。

**表4－1　　地方正规化事业业务内容**

| 业务区分 | 业务内容 |
|---|---|
| 第一号：防止输运安全事故发生，指导从业者遵守法规法令 | 事务所通过巡逻和街头暗访，确保运输安全、防止违反运输管理条例、假借名义经营运输业务和在经营区域以外运输等违法行为的发生，对违法人员进行劝诫和指导 |
| 第二号：防止无证经营等违法行为 | 通过街头暗访的形式，杜绝使用家庭用车参入货物运输的违法行为的发生 |
| 第三号：维护卡车运输业的秩序，进行公益广告宣传 | 通过货主企业会议等形式，对货主企业进行公益宣传，以提高运输市场的运行秩序，防止第三方货物运输企业的违法行为的发生，维护运输市场秩序 |
| 第四号：受理卡车运输经营企业和货主的投诉 | 当货主企业要求以低于成本价签约时，可以受理运输企业的投诉，并对该货主企业进行说服教育。当受理普通个人客户对运输企业投诉时，可以对该运输企业进行说服教育 |
| 第五号：为确保运输安全，向卡车运输企业宣传政府政策与法规，并协助执行各项措施 | 向地方支部和陆运支局反映无证经营、疲劳驾驶、超载、假借名义等严重违法情况，并配合行政机构对违法企业施行取缔 |

（7）货主劝告

货主劝告是日本针对本国的物流产业结构和商业管理而制定的独特的法律法规。（第六十四条）

日本的卡车运输企业99%都是中小企业，且市场竞争激烈，在与货主企业产生商业行为中多数处于弱势地位。从过往的违法行为中发现，有一部分情况是货主企业根据自身利益强行要求运输企业违法，因此在《货物汽车运输事业法》中，为防止这种情况发生，对货主企业的责任也进行了规定。

在对货主企业劝告无效的情况下，一般货主汽车运输企业发生违法行为时，要对运输企业采取停业整顿的处分。如果有明确证据显示这种违法行为的主要原因是货主要求引起的，同时该违法行为如果只对一般货主汽车运输企业采取处分措施的情况下，将视为很难防止该违法行为的再次发生（第六十四条第一项）。

当运输部部长向货主企业施行劝告时，规定“重新听取对该货主企业所属行业大臣的意见”（第六十四条第二项）。

此外，运输部部长向货主企业实施劝告主要是“防止违法行为的再次发生而采取的适当措施”，“根据违法行为的具体内容，公示防止违法行为再次发生的必要措施的内容”。

## 4.3 海洋港口运输相关法律

海洋运输相关法律包括：《海洋运输法》《内航海洋运输法》《港口运输业法》《港口劳动法》等。

《海洋运输法》是以“维护海洋运输秩序、确保海洋运输行业健康发展”为目的的法律（第一条），于1949年制定。本法规定海洋运输业者包括船舶行业者、船舶借贷业、海运中介业和海运代理店业（第二条第一款）。

《内航海洋运输法》于1952年制定，是以“确保内航海运行业健康发展，维护内航运输顺利运营”为目的而制定的法律（第一条）。本法规定，内航海洋运输业者包括内航运输业和内航船舶借贷业（第二条第二款）。

《港口运输业法》于1951年制定，是以“维护港口运输的经营秩序、确保港口运输健康发展”为目的而制定的法律（第一条）。本法规定该港口运输企业包括以下几种：①一般港口运输业者；②港口货物搬运业者；③桥桁运输业者；④筏运输业者；⑤检数业者；⑥鉴定业者；⑦检量业者，共7种（第三条）。其中第①种到第④种根据种类和所在港口向运输大臣提交营业许可申请，第⑤种到第⑦种根据企业类别向运输大臣提交营业许可申请。

营业许可审查时，运输大臣需考察以下几点：①所在港口的运输供给量不明显高于运输需求量；②第①种到第④种业者必须具有一定的基础设施和劳动人员；③有经营该行业的计划书；④有明确的商业模型并规定业者经营范围和经营责任；⑤有经营该业务的基础。

另外，运费和价格制定采取运输部部长许可制（第九条）。

## 4.4 航空货物运输相关法律

航空货物运输的相关法律是于1952年制定的《航空法》。本法制定的目的是：①确保飞机运输安全；②防止飞机在运输中发生故障；③维护空运行业的运营秩序等（第一条）。

本法规定航空货物运输业包括航空运输业、定期航空运输业、不定期航空运输业（第二条）。《航空法》作为航空运输事业的先锋为航空运输事业发挥了巨大的作用，并于1990年以后逐步要求符合货物运输处理法的规定。

## 4.5 货物运输处理法

### 4.5.1 制定背景

第二次世界大战后，日本运输法律的制定受到美国法律制定的影响，也就是说，以实际运输行业者的立场为主体，在没有运输手段的货主企业和运输行业者之间，经营中介业务的运输处理业者为次要主体所指定的。运输处理业的定义是根据客户的需求、以合理的价格实行物品的运输、代收运费等附加业务的从业企业。

但是，近年来日本物流的需求越来越多元化，要求物流业者提高服务品质、开发并提供有弹性的运输服务的呼声越来越高。其中多种运输手段相结合的运输方式越来越受到关注。

鉴于此，以往只针对单一运输手段的法律不再符合新业务的需求，一种合理化、简洁化、一元化的新的物流法应运而生，与《货物汽车运输业务法》并称“物流二法”的《货物运输处理法》于1989年制定。本法的制定使日本在物流行业立法方面走在了美国的前面，使物流行业呈现了新的风潮。《货物运输处理法》在日本物流行业具有划时代的意义。

### 4.5.2 目的

《货物运输处理法》是以“确保货物运输处理业健全发展，确保货物运输服务顺利经营、保护消费者的利益、使消费者方便利用”为目的而制定的法律（第一条）。本法律降低了原本法律不十分健全的货物运输处理业的从业标准，并使其适应新时代的商业需求，实现了物流服务业的大跨步发展。

货物运输处理业是指没有自有运输资源、使用其他运输业者的运输资源或者为其他运输业者提供中介服务、运费代收服务的行业，也可以说是为运输业者提供多种服务的行业。

早在20世纪60年代，日本就兴起了物流改革运动，有机结合多种运输手段，实现运输的合理化和效率化。在1967年的运输经济会议中首次提出了“协同一贯运输”的概念，之后改为“综合运输处理业”。在1974年的运输政策讨论会中提出“综合物流业”，在1981年的运输政策讨论会中提出“综合运输处理制度”，直到最终“货物运输处理业”的提出，共经历了近30年的历史。

另外，随着日本经济的国际化发展，使得国际物流的需求逐渐增大，针对集装箱时代的国际运输业实现立法也是本法确立的目的之一。

### 4.5.3 事业的种类

《货物运输处理法》使旧的各种运输事业法一体化，使货物运输处理业成为独立的行业。本法规定了货物运输处理业的种类及其功能和使用者的责任（见图4－2）。

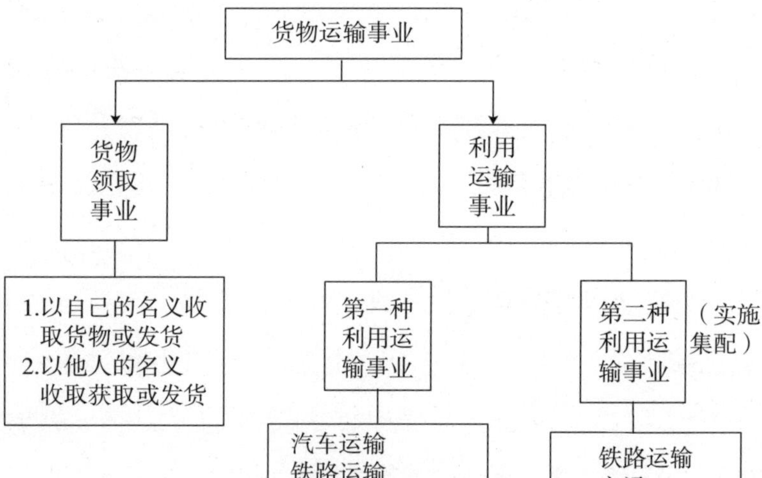


**图4－2 货物运输事业的区分**

1. 利用运输业

利用运输业是指利用实体运输业者（拥有自有运输手段的运输业者，一般指特殊货物汽车运输业者、铁道运输业者、航空运输业者、船舶航运业者）为货主提供运输服务（第二条第一款后段）。利用运输业者是以自己的名义有偿的与货主缔结协议，并对货主的运输事业负一定责任。

利用运输业分为第一种利用运输业和第二种利用运输业两种。

第一种利用运输业是指“根据客户需求有偿提供利用运输服务，但是不包括第二种利用运输业”（第二条第八款）。

例如，利用外航经营国际货物运输业，或利用铁路运输经营集配业务（日本自由集装箱业务就属于此类）。前者也称为国际运输先锋，国际复合一贯运输就属于此类，相当于美国1894年航运法中规定的NVOCC（Non－Vessel Operating Common Carrier）非船舶航运业者。

第二种利用运输业是指“根据客户需求有偿提供航空或铁路运输并且在末端使用公路实现联合运输（三轮以上的轻型汽车和两轮汽车除外）”（第二条第

九款）。

例如，从客户处取货使用铁路或航空手段运输提供通运服务（《货物运输处理业法》规定了通运业法的废除，所以从法律上讲不存在通运业这个专业术语）。也就是说利用铁路运输和航空运输提供门到门服务时，必须要使用卡车实现货物的集货与配送，这样使用铁路和航空提供一贯运输服务的成为第一种利用运输业。

2. 运输委托业

运输委托业是指根据他们的需求，有偿地使用自己的名义提供运输业务或提供利用运输业务，包括货物运输委托或代收，以他人名义进行货物运输的委托或代收（第二条第十款）。

也就是说，运输委托业要根据委托的规定向客户收取一定的手续费，作为中介费以此确保客户和运输业者之间的运输服务能顺利进行。这种业务的具体内容包括：①在合同中明确货主使用运输委托的目的，明确运输委托的名义以及收货人的名义；②使用货主的名义以货主代理人的身份签署运输合同，代付运输费用或代收货物等。

### 4.5.4　参入规则

1. 利用运输业

要经营利用运输业的企业需要根据种类不同（第一种或是第二种）向运输大臣提交许可申请（第三条第一款）。利用运输业要对货主企业负一定责任，因此与实体运输业一样采用许可制。

此外，第二种利用运输业的申请者，如果经营的业务属于第一种运输业的经营范围，将不需要另外申请第一种利用运输业许可证（第三条第三款）。

许可申请中包括以下内容（第四条）：①法人代表姓名及住址；②利用运输业的种类；③使用的运输手段、运输区域或运输区间、业务的内容范围、业务的规划；④经营第二种利用运输业需要标明货物的集配据点、集配体制、所需要的集配业的规划。

根据以上申请，运输大臣要考察以下内容（第六条）：①是否具有经营该业务的适当规划；②是否具有独自实行业务规划的能力；③是否具有定时定量有效率地提供航空运输或铁路运输服务的资质；④第二种利用运输业者是否具有适合的业务规划来保证货物集配的顺利实施；⑤第二种利用运输业者使用汽车实现货物集配时，是否有确保企业运输安全的适当的业务规划。

2. 运输委托业

要经营运输委托业的企业需要向运输大臣备案（第二十三条）。

也就是说，与利用运输业比，运输委托业向货主企业承担的责任有限，因此，只需确保具备业务经营最低限度的标准，采用备案制即可。

备案时需要提供以下信息（第二十四条）：①法人代表的姓名及住址；②事务所的名称及住址；③商标；④相关的运输手段及业务范围。此外，和利用运输业相同，应向各运输管理单位备案该业务。

### 4.5.5 运费和价格制定

1. 利用运输业

利用运输业制定运费和价格时，需要重新向运输大臣提交申请，同时当更改运费和价格时也要向运输大臣提交申请（第九条）。为了向客户提供有弹性并且多样的服务，需要灵活地设定运费和价格。但是，对于不合理的运费和价格，运输大臣有权命令企业修改价格（第九条第二款)。

此外，根据《海洋运输法》的规定，船舶运输业不定期进行的货物运输服务及定期航线业务中一部分货物的运费不需要另行备案。这是考虑到海洋运输的特殊性而规定的。

利用运输业者的运费和价格是在实体运输业者收取的运费和价格的基础上加算一定的手续费价格得到的。

2. 货物委托业

货物委托业的代收或代取业务的手续费规定后，需向运输大臣备案，更改手续费也需向运输大臣备案（第二十八条)。

### 4.5.6 外国人的国际货物运输处理业

随着日本经济国际化进程的发展，对国际物流的需求也逐年增加，同时本国的物流企业也加大力度开发海外市场。此外，国外的企业也期待日本市场的进一步开放。《货物运输处理法》规定，如满足一定的标准，将也允许国外企业经营货物运输处理业。

也就是说，在获得运输大臣许可的情况下，外国企业也可经营面向国际货物运输的船舶或航空运输业的利用运输业（第三十五条）。

利用运输业的注册条件是许可制，运输委托业的注册条件是备案制。同样，利用运输业的运费和价格的设定，需向运输大臣提出申请（第三十七条），运输委托也需遵守事前备案制（第四十六条）。

## 4.6 货物流通设施相关法律——仓库法

货物流通设施相关法律包括《仓库法》《汽车运输站点法》《流通业用地法》《都市规划法》等。这里我们只说明《仓库法》。

《仓库法》是以确保仓库业正当运营以及确保仓库证券正当流通为目的而制定的法律，于1956年立法，是商法597条的特别法律条款。本法规定仓库的定义是为防止物品遗失或物流损坏而提供的设施、土地、水域，为保管物品所用（第二条第一项）。

根据《仓库业法》的第三条规定，仓库分为以下几种：

1. 一类仓库

危险品除外，对于保管物品无特殊限制的仓库。

2. 二类仓库

因无防火设施，而对保管物品有一定限制的仓库。

3. 三类仓库

因无防火设施、防潮设施、耐热设施而对保管物品有一定限制的仓库。

4. 露天堆积仓库

保管原材料、瓦等在露天堆积的仓库。

5. 水域仓库

保管原木的水域仓库。

6. 储藏仓库

保管谷物等散装物品或保管液体的仓库，如罐或筒仓。

7. 危险品仓库

保管石油、化学药品等危险物品的仓库。

8. 冷库

保管冷冻水产品、肉制品，温度在10℃以下的仓库。

此外，经营仓库业需要向运输大臣提出许可申请（第三条）。经营许可申请书中必须包含以下内容：仓库的位置、构造以及设备；保管物品的种类；其他各区域政府法令中的要求事项（第四条）。

仓库业经营者需提供仓库保管金、仓库货物搬运费用等其他经营金额的设定，在经营之前需向运输大臣备案（第六条）。仓库保管费用采取事前备案制。

## 4.7 物流效率化法

日本物流业面临高成本、交通拥堵问题严重、噪声及卡车排放尾气对环境污染等各种亟待解决的问题。解决这一系列问题的方法之一是使物流趋于合理化、效率化。但是，由于日本的物流企业以中小企业为主，特别是在物流效率化方面被认为发展迟缓，因此更要及早解决物流效率化问题。

鉴于此，以日本通产省（中小企业管理机构）为中心，运输省共同参与提案，设立了“中小企业流通业务效率促进法”（俗称物流效率化法）。该法于1992年5月立法，同年10月执行。

本法规定了面向中小企业物流效率化的融资制度、税收制度等多种支持制度的手续流程、事项和具体支持制度。以下为该法主要内容：

1. 目的

本法的目的是随着社会经济活动形势的变化，保护和促进中小物流企业的发展，使其拥有较充足的流通资金用于企业发展（第一条）。

物流业的效率化是指与流通业务相关的工作效率的提高、运输效率的提高，具体指卡车装载率的提高，平均运输量的提高等。

2. 定义

本法第二条规定了中小企业者、业务协同组合以及流通业务效率化业务的定义。

此法还规定了作为本法支援对象的流通业务效率化业务的实施者、目的、内容等事项。也就是说，流通业务效率化业务的主体是业务协同组合或构成该组合的各中小企业，并且各中小企业是以提高物流效率化为目的组合在一起的。

此外，该事业包含用于实施流通业务的设施和设备及使用该设施和设备运营物流业务的中小企业的全部或部分业务内容。这里应该注意的是，必须要同时满足以上两个条件，也就是说，只满足其中任何一个条件都不在流通业务效率化业务的范围之内。

3. 认定效率化规划

业务合同组合是指制订流通业务效率化的规划，并要获得主要业务大臣的认定（第四条）。

效率化业务规划中需要记录以下事项：（第四条第二款）

（1）流通业务效率化的目标

记录卡车装载率的提高、搬运业务的省力化、减少在库欠品率、误送率的降低等指标。

（2）流通业务效率化的内容

记录实现业务效率化的实施者、设备及设备的具体内容，流通业务一体化的业务内容。

（3）流通业务效率化的实施期限

记录效率化业务的开始日期和结束日期。

（4）用于流通业务效率化的资金额度及资金来源

记录用于实施该业务的必要资金额度及中小企业金融公库、国民金融公库等资金的来源。

4. 确保资金充足

用于实施流通业务效率化的必要资金是指国家、组合成员的中小企业者需要制订计划，努力确保实施流通业务效率化的必要资金及其融资方式（第六条）。

资金的来源需考虑中小企业公库或国民金融公库的物流近代化资金，或者是中小企业资金等有保障的资金来源。

## 4.8 根据条款的管制（面向保护客户）

当初的物流以商品货物为中心，现在“宅配便”与“搬家运输”等业务开始进入视野，成为与我们市民生活息息相关的服务业。接受这样的实际利用状态，物流专家提出交易前提的制度迫切需要做较大的变更。

变更之一，关于运输等契约内容，消费者保护色彩浓厚的条款需要重新评估。对于《货物运输关系法》和《仓库业法》等，条款已经固定，专家用的运输条款也制定，20 世纪 80 年代后半期，对几个条款也进行了修订。这里，运输条款中“宅配便”与“搬家运输”等已被接受，对于修订的其他内容还要试行后再作决定。

运输条款也与保险条款、电气水道等供给契约书一样，只是普通契约条款。普通契约条款：为了企业所在行业多数契约缔结合理化，预先设定定型的契约内容，使之形成契约划一的自治法规。

条款已经规定，对于运输事业法，绝大多数采取认可制。例如，《货车运输事业法》第13条“对于一般货车运输事业者，制定运输条款必须获得运输大臣的认可”。并且，认可的基准为：①不损害货主的正当利益；②对于运费和费用的接收，在关于一般货车运输者的责任事项已经明确规定（第十三条二项一、二号）。

按照此规定，《货车运输事业法》的实施规则（1990年7月30日），对于运输条款的必要记载事项，推举的有下面的7项（同实施规则11条）。

1. 特别集载货物运输的类别
2. 关于运费及费用的收取或返还的事项
3. 关于承担运输的事项
4. 关于装卸的事项
5. 收据、交割或保管事项
6. 损坏赔偿及其他责任事项
7. 对于其他运输条款内容涉及的必要事项

并且，在《货车运输事业法》第13条3项“标准运输条款”上有此规定。这里“根据运输大臣核定的标准运输条款公示情况，对于没有取得批准的一般货车运输事业者，适用同一规定运输条款”作为补充。

也就是说，使用与运输大臣公示的标准运输条款相同的条款，经营者没有必要取得每一个批准。实际上，使用“宅配便”搬家运输的经营者大都使用标准条款。

1. 标准“宅配便”运输条款

截至20世纪70年代前半期，由家庭发出，被经营者敬而远之，号称“货物的鸡肋”的少量货物运输，也都由于运输的系统化、信息化、高速化等变化，现在成为“宅配便”每日工作不可或缺的服务内容了。

以前，“宅配便”经营者根据基于《道路运输法》（第12条）的“标准货物运输条款”进行营运，请求制定关于伴随“宅配便”成长等的实况内容的条款越来越强烈，1985年（昭和60年），运输省制定并公布了仅适用于“宅配便”服务的“标准宅配便条款”。再者，伴随《货车运输事业法》的施行，1990年12月1日开始实施“标准宅配便运输条款”。

此条款的特点：①“宅配便”虽不习惯运输营业者的运输契约，但是与一般利用者间的交易，重视保护客户利益；②“宅配便”由于其快速性、准确性、便利性取得了客户的信赖得以成长，谋求确保一定水准以上的服务水平；③作为营业者创意研究、期待开发市场的一个领域，“宅配便”今后考虑消除多样性、个性化服务的障碍等。

标准“宅配便运输条款”由以下几章构成。

第一章　总则

第二章　承运

第三章　货物的交付

第四章　指示

第五章　事故

第六章　责任

在此对“标准宅配便运输条款”的主要规定内容进行分析。

（1）契约内容的明确化

为了说明“宅配便运输契约”的通过及其内容，“宅配便”营业者在办理运输手续时把记载运输契约内容的发货单交给对客户（发货人）。

发货单上记载以下事项，并且每个货物都办理发货单（同条约第三条）。

a. 发货人的姓名或名称、住所及电话号码；

b. 收货人的姓名或名称及送达地点和其电话号码；

c. 货物的品名；

d. 易损物品或易腐变质物等在运输上的特别注意事项；

e. 宅配便名称；

f. 受理点店铺的名称、住所及电话号码；

g. 货物运输承担营业所及公司的名称；

h. 货物的收取日期；

i. 货物的交付预定日期；

g. 重量及容积的区分；

k. 运费及其他关于运输费用的金额；

l. 责任额度；

m. 咨询窗口电话号码；

n. 其他关于货物运输的必要事项。

（2）交给期间的明确化

现在，考虑到“宅配便”服务质量越来越好，全国翌日配达服务已成常识，在制定此条款时，对交给日期和时间出现了争论。

对于此条款，发货单上记载货物交付预定日期的场合就是此记载日，此外没有记载场合的，从发货单上记载的货物收取日期始，基于货物的运输距离，根据下面的方法计算的日期作为交付预定日期（同条款第10条）。

计算方法：①最初的 400km 以 2 日为限；②超过最初 400km 运输距离的每 400km 多 1 日。

目前，几乎所有的发货单上均有记载交付预定日期，此条款对于没有记载交付预定日期的情况也同样适用。此条款对“宅配便”营业者的服务能力、事务能力及其他能力也进行了考虑并制定了规定，可以说激烈的市场竞争促使营业者能够实现交付预定日期的约定。最近，对交付时间进行约定的已经成为常识。

（3）受理拒绝

此条款，对“宅配便”可以拒绝受理的货物进行了规定（第 6 条）。因为“宅配便”对非特定的多数顾客的货物进行低价、快速且规模地运输，对以下几种情况可以拒绝受理。

a. 运输申请时对此条款不同意的；

b. 发货人不在发货单上记入必要事项的；

c. 不适于打包运输的；

d. 发货人对于运输谋求特别的承担；

e. 违反公共秩序或者优良风俗的运输；

f. 有可能损害其他货物的火药类等物品，以及经营者特定的物品；

g. 天灾等其他不得已的事由。

(4) 收货人不在时的措施

"宅配便"事务纠纷比较多的是关于收货人不在时的举措。此条款规定，因收货人不在，货物不能交付时，对收货人需要交货的日期、该店（受理店）的名称、咨询电话及根据货物交付必要事项记载的不在联络单进行通知，把货物运到营业所等地方进行保管。不过，在得到收货人邻居的承诺委托交付邻居收货人的物品时，需要在联络单上记入委托交付邻居的姓名（同条款第12条）。

(5) 由于丢失、毁损货物导致的损失赔偿

对于货物的丢失、损毁，"本店的责任是从发货人手中领取货物时就开始了"（同条款20条）已经进行了明确规定。并且，如果货物丢失、损毁或者延迟，那么"宅配便"营业者的责任将是过失责任，无过失责任的举证责任需要"宅配便"营业者承担（第21条）。

再者，由于货物丢失、损毁或者延迟带来的损失，营业者可以不负责任（免责）的相关情况已经做了规定（第22条）。具体如下：

a. 货物的缺陷、自然的消耗；b. 由于货物的性质造

成的损失；c. 罢工等；d. 不可抗力造成的火灾；e. 不可预见的异常交通阻碍；f. 天灾；g. 法令或者公权力的发动；h. 客户的故意过失。

（6）赔偿损失的金额

发生货物的丢失、损毁、延迟时，对于营业者的损失赔偿在同条款第 25 条做了规定。首先，对于丢失的情况，在发货单上记载的责任限额范围内则以货物的价格（发送地货物的价格）作为赔付金额。其次，对于货物损毁的损失，以货物的价格为基准，对应在损毁责任限额的范围内计算出相应比例的赔偿金额进行赔付。最后，对于延迟来说，通常，截至货物交付预定日的第二天还没有交付时，运费等金额作为限额来赔付由于延迟带来的财产损失。另外，营业者约定的定时配达的情况，由于不能使用货物而带来的损失根据送货单记载的责任限额范围进行赔付。

2. 标准搬家运输、处理条款

关于搬家运输的条款，与“宅配便”一样使用相同的运输省公示条款，营业者没有必要获批。实际上，现在除了一家公司都在使用标准条款。

搬家运输也与“宅配便”一样从截至 1986 年的条款

(《标准货物运输条款》) 开始，实施运输省公布仅适用于搬家运输的“标准搬家运输、处理条款”。并且，伴随1990年12月《货车运输事业法》的实施，“标准搬家运输条款”(1990年11月22日，运输省公告第577号) 也施行了。

此外，对于搬家运输，除货车运输事业者使用包车进行服务外，也有货物运输营业者利用卡车进行搬家服务。这种情况，按照货物运输处理事业法第11条3项的规定，适用“利用标准货车运输（搬家）条款（1990年11月26日，运输省公告第580号)”。

两者的差异仅是第1条的适用范围部分不同而已，在此对“标准搬家运输、处理条款”进行说明（下面引用条文除非特别声明适用“标准搬家运输条款”)。

标准搬家运输、处理条款的构成由以下几项组成。

第一章　总则

第二章　预算

第三章　承运

第四章　货物的收取

第五章　货物的交付

第六章　指示

第七章　事故

第八章　运费等

第九章　责任

另外，围绕搬家运输，每年3月末的繁忙期，纠纷激增。不符合营业者的广告内容的抱怨、运费以外的实际费用的金额纠纷在逐步增加，搬家运输的条款进行时代改革的呼声也越来越高。

（1）预算

围绕搬家运输营业者与顾客之间的纠纷，其一是关于运费费用。事前不做预算就搬家，或者电话询问预算等，对实际上事后账单金额上的差异抱怨不断。本条款对于预算费用的实行、预算书的交付以及记载事项、预算费用都做了规定。并且，对于预算费的“免费”情况也做了规定（同条款第3条）。

再者，营业者前往送货人的住所进行预算时使用的预算书有统一的样式。防止纠纷出现，全日本货车协会等已制作了标准的预算书。

（2）承运的拒绝

条款第4条对于承运的拒绝已经做了规定。

对于能够拒绝承运的事由，基本上与上述的“宅配便”条款的情况几乎相同（同条款第4条1项），当然搬家运输也具有特有的事由。即：根据货物的内容对能够拒绝承运的情况作出了规定（同条款第4条2项）。

具体有以下几种：①现金、有价证券、宝石贵金属等这样的高价品通常的情况由客户本人自身搬运，如果与其他搬家货物一起搬运，会有丢失的风险，由此而采取一定措施；②火药类、其他危险品，考虑到运输中防止事故的理由，并且一般家庭没有这些种类的危险品，可以拒绝承运；③动植物、钢琴、美术品、古董品等，需要特殊的管理等，不适与其他货物一起运输的物品；④申请搬家者不予申报货物的种类、性质或者不同意检查的货物。

（3）运费、解约手续费

搬家运费按照向运输大臣提交的事前申报制度进行处理（同条款第18条）。

对于运费等，预算的时候营业者向客户进行出示，预算金额与实际的运费发生差异时，条款已有规定（同条款第19条4项）。这种情况的修正为：实际运费等的合计金额比预算运费等的合计金额少的情况，对实际运费等的合计金额及明细进行修正。相反，实际运费等的合计金额超过预算运费等的合计金额的情况，仅限于由于送货人的责任事由预算金额等计算基础发生变化的时候，对实际运费等的合计金额及明细进行修正。也就是营业者原则上必须在预算运费等金额范围内收取运费等费用。

此外，对于解约手续费，营业者在“解约的原因是送货人的责任，解约的指示仅限在预算书上记载的收取日的前一天或者当日进行解约时”的情况下可以向客户收取解约手续费（同条款第21条）。收取解约手续费的金额：①搬家前一天解约的情况下，以预算书上记载的运费10%以内收取；②搬家当日解约的情况下，按预算书上记载的运费20%以内收取。

（4）责任

营业者责任有过失责任以及没有过失时的举证责任（同条款22条）。

并且，对于营业者的免责，第23条的1～8号有其规定。作为特征，5号“不能预见的交通异常阻碍”可以加上大雪以及隧道火灾等营业者不能控制的事由。

再者，对于一部分货物丢失或者损坏的营业者责任，所谓“除非在货物交付日开始3个月以内不通知实情”

的特别事由，在第25条作了规定。

（5）损失赔偿

营业者基于货物的丢失、损毁，“对直接发生的损失进行赔偿”（同条款第26条）。搬家货物基本上以使用的家具等物品为主体，丢失、损毁造成的损失金额的计算比较困难，因而营业者与客户间易发生比较大的纠纷，特别是对于亲属的遗物以及纪念品等主观性价值高的物品更易引发纠纷。

损失金额的算定条款修整成易懂的规定，防止丢失、损毁等事故于未然的措施以及附加保险也越来越有必要了。

## 4.9　今后物流规制的理想状况

综上所述，日本物流特别是货物运输领域，30年来一直持续固定的趋势，没有看到明显的变化。也就是说，卡车运输占货物运输领域的比例增加、铁路等其他运输工具所占比例下降。同时，优于当前卡车的运输工具出现的希望也极小，因此我们暂时认为以卡车为中心的货物运输体系仍为主体。

但是，从卡车运输作为货物运输的主体开始到现在，日本经济经过几次戏剧的改变。从高速成长到稳定、低成长、泡沫经济的崩溃、制造业的海外转移与国际化、放宽管制等。物流领域也发生了显著的改变，今后也会继续改变着。

这里再次回头看第二次世界大战后日本运输事业管制的历史，作为占领军经济民主化政策的一环，沿袭美国方式的政策，也就是根据事业法的管制将运输事业作为被管制产业开始实施。20 世纪 40 年代后期由于受到战祸破坏的打击，为了保护培育运输事业而制定了各种运输事业法，之后在运输省的行政管制下民间营业者开始提供营运与服务。

但是，20 世纪 50 年代后期到 70 年代前期，卡车运输不断成长，货物运输市场需求量与供给能力发生逆转，不仅从运输政策的基本观点出发，更从事业的保护培育出发，逐渐地促进营业者之间的竞争及运输工具的调整。并且，20 世纪 80 年代开始，卡车运输的地位被确立、运输能力的供给出现了过剩，那么对于运输市场，货主的实质优势也被确定了，政策的重点向货主方倾斜，对“顾客需求”恰当的对应就成为了政策的主要课题。

并且，对于运输市场供求的逆转，发生了追问行政管制政策的营业法的意识。因为营业法的规定与运输市场实况的显著背离，随着昭和时期的结束，出现了对运输业的管制政策做根本修改的要求。

运输政策中的“放宽管制”占据重要地位，20 世纪 90 年代初制定了被称之为放宽管制的“物流二法”，并且对于之后涉及的日本全部的行政改革，放松管制的曲折道路中特别是运输行政的放宽限制，撤销废止的方法都一直被讨论。

众所周知，卡车运输为中心的日本运输业，现在需要面对几个重大的课题。具体有安全问题、环境问题、劳动问题、降低成本问题等，对于日本物流提出其根本性的问题即物流的效率化问题。再者，与日本经济的国际化进展一起，物流的问题不单单停留在国内，应放在国际化问题位置上进行解决。

1997 年 4 月公布的“综合物流措施纲要”，从摆脱以前的运输政策的束缚、与物流相关的 14 省厅共同编制及实施方面来看可以说是划时代的进步。具体来说，提出了措施三原则：①进行相互联合工作；②顾客多样化需求的对应；③促进竞争、搞活市场。为了推进这些措施的实施，在2001年提出了以下需要达到的目标：①亚洲太平洋地区最便利、高魅力的服务；②产业布局竞争力的障碍要消除；③环境负担的消减。

在此，货物运输政策向物流政策的转化，从运输省行政管制脱离成为国家的一个综合政策。再者，物流不单单是作为运输产业政策，可以说是日本经济、市民生活不可或缺的“社会基础”，得到了大家的认可。

根据以上所述的状况，围绕日本物流，用新的视角探求政策，例如：从国际视角或者后管制放宽的视角探求政策。

对于从国际视角讨论物流的动向，今后更应加大进展。不管是硬件还是软件方面的物流问题，对以上所述的国际动向、国际标准都必须努力加强工作。硬件方面自然要标准化、由计算机控制的信息通信网在万维网上构建，对于物流交易的国际标准化对应也不可欠缺。日本特有的交易惯例在许多场合也迫切需要修改。

对于放宽物流管制方面，今后更应该进展下去。大约在21世纪特别早的时期，就能够撤销经济的管制，当然是以安全、劳动条件等社会制度的强化实施作为前提的。

另外，笔者认为对于从过去到管制放宽后，物流领域基本共通规则的确立是很有必要的。也就是说，为了明确国家、地方公共团体、物流的利用者（顾客）、物流营业者的责任义务，建议制定“物流基本法”。现在正是由于行政的管制而脱离了引导，今后日本物流如何整备、发展应在有关方之间广泛讨论，各种各样的努力方法也有必要进行明确。

在此准备对“基本法”的性质进行确认。基本法一般是指：①对于国政重要角色的各个领域，以明示关于制度、政策的基本方针，指明基本政策的方向作为主要内容的法律；②规定的内容以基本理念及责任义务、措施的规定程序为中心，包括贯穿全体措施的基本计划、年度报告书、审议会等具体的措施；③基本法是宪法与个别法的纽带，具体的措施是对个别的法律、预算上的举措、行政上的实施纲要等进行阐述；④关于法的形式，与一般的法律一样，不是其他法律的上位法，实质上是指它的对象领域比其他法律拥有优势政策，其他法律据此引导制定。

物流被认为是社会的基础，并且在从国际视角出发谋求对应政策的今天，可以说关于物流理念基本方针的编制是时代的需要。并且，新的法律不是像原来那样由行政主导制定，而是以物流关系方为中心发动国民广泛的讨论，针对民意支持胜利方的意见而制定的。